国家社科基金重大项目“基于‘互联网+’的国际汉语教学资源与智慧教育平台研究”成果

基于新标准体系的
国际中文教育
教学语法资源建设研究

主　编：王治敏
副主编：张俊萍
编　者：闻　亭　王鸿滨　彭锦维　李靖华
李艳华　赵慧周　曹彩虹　李春玲

北京语言大学出版社
BEIJING LANGUAGE AND CULTURE
UNIVERSITY PRESS

图书在版编目（CIP）数据

基于新标准体系的国际中文教育教学语法资源建设研究．上／王治敏主编；张俊萍副主编；闻亭等编．--北京：北京语言大学出版社，2022.8（2023.4 重印）
ISBN 978-7-5619-6102-5

Ⅰ．①基… Ⅱ．①王… ②张… ③闻… Ⅲ．①汉语－语法－对外汉语教学－教学研究 Ⅳ．① H195.3

中国版本图书馆 CIP 数据核字 (2022) 第 089401 号

基于新标准体系的国际中文教育教学语法资源建设研究（上）
JIYU XIN BIAOZHUN TIXI DE GUOJI ZHONGWEN JIAOYU JIAOXUE YUFA ZIYUAN JIANSHE YANJIU (SHANG)

排版制作：北京青侣文化创意设计有限公司
责任印制：邝　天

出版发行：北京语言大学出版社
社　　址：北京市海淀区学院路 15 号，100083
网　　址：www.blcup.com
电子信箱：service@blcup.com
电　　话：编 辑 部　8610-82303647/3592/3724
国内发行　8610-82303650/3591/3648
海外发行　8610-82303365/3080/3668
北语书店　8610-82303653
网购咨询　8610-82303908
印　　刷：天津嘉恒印务有限公司

版　　次：2022 年 8 月第 1 版　　印　　次：2023 年 4 月第 2 次印刷
开　　本：787 毫米 × 1092 毫米　1/16　　印　　张：18
字　　数：222 千字
定　　价：78.00 元

PRINTED IN CHINA
凡有印装质量问题，本社负责调换。售后QQ号1367565611，电话010-82303590

序

在党和国家的领导和关怀下，在广大汉语教师的努力下，在部分汉语学界学者、相关的企事业单位同人的参与下，在国际友人支持下，汉语二语教学迅速发展，现在已经在全球蓬勃开展。汉语二语教学界责任越来越重，不仅要不断地努力建造起一座座从世界各国通向中国和华语社区的友谊之桥“汉语桥”，而且要为“一带一路”建设、要为构建人类命运共同体事业做出自己的贡献。为此，大家早就渴望着能有一个比较科学、能为多数人接受的面向汉语二语教学的基础词汇、基础汉字、核心语法点、分级阅读文本等资源的提取技术与研建方法，构建汉语二语教学核心资源与智慧教育平台，以满足“互联网+”背景下的国际汉语智慧教育的现实需求。有鉴于此，北京语言大学由王治敏教授领衔主持的国家社科基金重大项目以“基于‘互联网+’的国际汉语教学资源与智慧教育平台研究”为课题名称，于2018年正式被批准立项开始研究。现在以纸质形式呈现在广大读者面前的《基于新标准体系的国际中文教育教学语法资源建设研究》（以下简称《教学语法100点》）只是相关研究成果的一小部分，也就是大家所渴求的那种平台的一小部分——只限于初级阶段必备的100项核心语法点。

《教学语法100点》项目团队前期经过调研，统计了广泛使用的10套国际中文教育教材，共计37册，汇聚了2106项语法点。该团队结合一线教师丰富的教学经验，层层筛选，完成了教学语法知识库一期 100 项语言点的建设。《教学语法 100 点》中的语法项目名称参照了最新出版的《国际中文教育中文水平等级标准》的内容。八大类内每一类语法点的排序充分考虑了该语法点的难易度，并与《国际中文教育中文水平等级标准》的一到六级基本对应。《教学语法 100 点》中的教学设计完全贴近学生生活，教学语言简单易懂。

《教学语法 100 点》运用乔治 · 西蒙斯 (George Siemens) 的联通主义理论，细分［语法项目名称］［语法意义及功能］［语法知识储备］［教学核心思路］［偏误］［课堂描述］［导入］［肯定范例及结构］［否定范例及结构］［疑问范例及结构］［操练］［课堂活动］［练习与测试］等十多个不同板块，各个板块精心设计，内容丰富，既包含语法的理论储备部分，也包含课堂教学的实操部分。这种设计可为语法课堂教学提供规范化的实施案例，也可为国际中文教育课程标准化提供清晰的思路。

《教学语法 100 点》对每一个语法点加以细致描述与引导，构建起了适用于汉语二语教学的现代汉语教学语法知识库。不少人总以为理论语法与教学语法之间，或者说汉语语法本体研究与汉语语法教学实践之间，存在着一个不可逾越的“鸿沟”。其实，理论语法与教学语法之间，或者说汉语语法本体研究与汉语语法教学实践之间，差异是确实存在的，但并不存在不可逾越的“鸿沟”。关键是要善于做好两方面的转化工作——将汉语语法的学术内容转化为汉语语法的教学内容，将学术语言转化为教学语言。《教学语法 100 点》所呈现的语法知识库，无疑为汉语理论语法与汉语二语教学语法实践之间架起了一座桥梁，在“转化”方面进行了可喜而有效的尝试，为广大汉语教师提供了“转化”的路径与具体的操作方式。《教学语法 100 点》对每位汉语教师来说，不仅能从中学习到与汉语二语教学相关的汉语语法知识，更能学习到具体的实践路径和操作方法。《教学语法 100 点》

所谈的只是汉语的一小部分语法点，但其“转化”思路与基本精神也适用于汉字教学、词汇教学、篇章教学等其他方面，对从事外语教学的广大老师来说，都有参考价值。

当然，这仅仅是一个尝试。作者将《教学语法 100 点》拿出来与广大读者见面，用意之一是要广泛听取意见。我不是《教学语法 100 点》的作者，但我愿意为他们呼吁——衷心希望广大读者，尤其是一线的汉语教师，在阅读、学习了《教学语法 100 点》之后能踊跃提出意见与建议，以帮助他们进一步改进和完善这个语法知识库，乃至整个“基于‘互联网 +’的国际汉语教学资源与智慧教育平台”。是为序。

陆俭明

于北京大学蓝旗营寓所

2022 年 3 月 9 日

前言

近两年，在线教育凭借“互联网+”的优势蓬勃发展，加强在线教育资源建设与开发成为高校研究和产业界关注的焦点，国际中文教育行业也因此迎来了巨大的发展机遇。国家社科基金重大项目“基于‘互联网+’的国际汉语教学资源与智慧教育平台研究”于2018年正式立项，该项目服务于中华文化走出去的国家战略，利用中文信息处理技术、移动互联技术等多种技术及既有研究成果，探索面向国际中文教育的基础词汇、基础汉字、核心语言点、分级阅读文本等资源的提取技术与研建方法，搭建国际汉语教学核心资源与智慧教育平台，以满足“互联网+”背景下的国际汉语智慧教育的现实需求。经过三年多的培育，该项目的研究已经取得了阶段性进展。为了满足线上和线下教育需求，我们计划将教学语法的核心部分以纸版形式发布，以方便汉语教师随时查阅。

《基于新标准体系的国际中文教育教学语法资源建设研究》（以下简称《教学语法100点》）分为上、下两册，是“基于‘互联网+’的国际汉语教学资源与智慧教育平台研究”的成果之一。本书能满足国际中文教育从粗放传播阶段向精耕细作的深度传播阶段发展的需要，是国际中文教育学科体系建设的重要支撑，也是交叉学科背景下集体智慧的结晶，集中体现了北京语言大学教学一线的教师们运用新技术、新方法建设教学资源的新思路。本书特点如下：

1. 所选语法项目基本覆盖了初级汉语教学的常用语言点

为使本书中的语法项目更具有代表性，研制组统计了目前广泛使用的10套国际中文教育教材，共计37册，汇聚了2106项语言点，结合多年教学经验，精挑细选了100项作为初级汉语教学必备核心语言点。这100项核心语言点也是2021年刚刚公布的《国际中文教育中文水平等级标准》（以下简称《标准》）中的重要语言点。《教学语法100点》对100项语言点进行了分类，上册共三大类，合计46项语言点；下册共五大类，合计54项语言点。

2. 采用了联通主义思想下的教学知识资源设计方法

联通主义学习观认为，学习在混沌、复杂、网络化的情境下发生，是建立外部和内部网络的过程。外部学习网络用于联通并建立知识源，创造和联通外部新知识。头脑中固有的内部学习网络（神经系统）是存在于我们心智中的结构。当遇到新信息和新知识时，学习主体便可动态更新和调整自己的学习网络，通过联通激活各种内在知识，有效重组生成新的言语信息。教师的作用在于利用本知识库激发学习者将第二语言信息与自身的语言文化背景等各方面的信息进行有效联结的能力，在这一过程中教师也可以实现教学语法理论知识与课堂教学实践的有效联通。基于联通主义的教学知识资源可为语言学理论研究成果向教学应用转化提供渠道和思路。教学知识资源建设可为汉语教师组织课堂教学提供实用化方案。

本书的知识资源思维导图如图1所示：

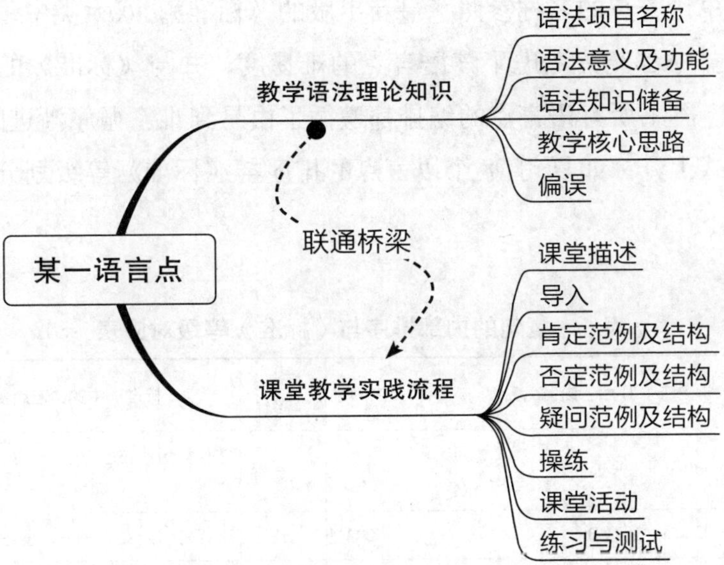

图1　本书的知识资源思维导图

3. 实现了传统语法与教学语法的有效转化

我们通过对各种国际中文教育语法大纲和典型教材中核心语法项目的提取，构建了基于联通主义的国际中文教育教学语法资源。资源建设中的所有属性字段都包含两部分：静态和动态。静态部分的描写结合了目前教学语法的最新研究成果，目的是协助教师了解语言点的教学知识，用通俗易懂的语言传授教学语法知识。动态部分做到了教学过程形式化、教学语法理论知识形式化、汉语课堂教学流程（步骤）形式化。本书能够从理论和实操两个方面给教师提供参照和模式范本。

4. 语言点的编排与《标准》紧密结合并呈螺旋式上升

本书语言点的名称参照了最新出版的《标准》。八大类中每一类语言点的排序都充分考虑了该语言点的难易度，并与《标准》的一到六级对应。本书所有语言点的编排都遵循了由易到难、循序渐进的原则，呈螺旋式上升。如复句18个语言点的排序与《标准》等级划分的对应情况如下：

表1　复句的内部排序与《标准》等级对应表

《教学语法100点》语言点名称	类内序号	《标准》等级	《标准》中的语言点名称
并列复句：一边……，一边……	1	一	并列复句：一边……，一边……；……，也……
选择复句：（是）A，还是B	2	二	选择复句：（是）……，还是……
承接复句：先……，再……，然后……，最后……	3	二	承接复句：先……，再/然后……
因果复句：因为……，所以……	4	二	因果复句：因为……，所以……
转折复句：虽然……，但是……	5	二	转折复句：虽然……，但是/可是……；……，不过……
紧缩复句：一……就……	6	二	紧缩复句：一……就……
条件复句：只要……，就……	7	二	条件复句：只要……，就……
递进复句：不但……，而且……	8	二	递进复句：不但……，而且……
假设复句：如果/要是……（的话），（就）……	9	三	假设复句：要是……，就……
选择复句：不是A，就是B	10	三	选择复句：不是……，就是……
条件复句：只有……，才……	11	三	条件复句：只有……，才……
选择复句：或者A，或者B	12	四	选择复句：或者……，或者……
并列复句：不是……，而是……	13	四	并列复句：不是……，而是……
因果复句：既然……，就……	14	四	因果复句：既然……，就……

（续表）

《教学语法 100 点》语言点名称	类内序号	《标准》等级	《标准》中的语言点名称
条件复句：无论 / 不管……，都 / 也……	15	四	条件复句：不管……，都 / 也……；无论……，都 / 也……
让步复句：即使……，也……	16	五	让步复句：即使……，也……
选择复句：要么 A，要么 B	17	六	选择复句：要么……，要么……
递进复句：连……也 / 都……	18	六	递进复句：连……也 / 都……，……更……

5. 采用［属性：值］二维关系进行描述

本书继承了《现代汉语语法信息词典》的设计思想，采用［属性：值］二维关系来描述语言点。本书的每个条目下都包括［语法项目名称］［语法意义及功能］［语法知识储备］［教学核心思路］［偏误］［课堂描述］［导入］［肯定范例及结构］［否定范例及结构］［疑问范例及结构］［操练］［课堂活动］［练习与测试］等板块，具体内容如下：

［语法项目名称］：列出语言点的名称。

［语法意义及功能］：概括表述语言点的句法、语义、语用等知识。

［语法知识储备］：详细描述教学时所需的语法知识。

［教学核心思路］：介绍适合语言点讲练的核心教学设计。

［偏误］：呈现第二语言学习者经常出现的偏误及归类。

［课堂描述］：用简单易懂的语句描述语言点，帮助学生理解。

［导入］：介绍课堂教学时如何导入，如常用情境、教师话语等。

［肯定范例及结构］：给出肯定范例，并归纳出常用的肯定结构。

［否定范例及结构］：给出否定范例，并归纳出常用的否定结构。

［疑问范例及结构］：给出疑问范例，并归纳出常用的疑问结构。

［操练］：介绍语言点常用的操练形式。

[课堂活动]：展示练习语言点的互动性活动，如游戏、讨论、表演等。

[练习与测试]：适合课上、课后使用的多种练习及测试。

本书的［语法项目名称］［语法意义及功能］［语法知识储备］［教学核心思路］［偏误］等模块从理论方面为新手教师提供了汉语教学语法的基础知识，包括汉语作为第二语言教学中语言点的整体教学思路、常见偏误。这是国际汉语教师的根基。

［课堂描述］［导入］［肯定范例及结构］［否定范例及结构］［疑问范例及结构］［操练］［课堂活动］［练习与测试］等模块从教学实践层面为新手教师提供了汉语课堂教学的具体流程和步骤，并提供了有丰富教学经验的汉语教师们实际操作过的课堂活动、操练方式。因为教学对象是非汉语母语者，深奥的语言学术语不适合在二语课堂呈现，因此本书还提供了简化后的课堂描述。这是国际汉语教师的另一个根基。

本书借鉴中文信息处理领域的技术方案架起了一座联通语法理论知识与教学实践的桥梁。汉语语法理论知识功底深厚的教师，可重点借鉴本书中汉语作为第二语言教学实操方面的技巧与方法；具备汉语二语教学经验但希望进一步提升汉语教学语法理论知识的教师，侧重点可以放在教学语法知识储备部分，教学实践部分也会令您眼前一亮；两个部分都需要充电的新手教师们、所有对国际中文教育感兴趣的朋友们，此书在手，不必他求。

上册分工如下（按照姓氏音序排列）：

彭锦维：词类（12、14、24、25），特殊句式（29、31、37、38、39、43）。王鸿滨：词类（3、4、8、9、10、11、15、18、19、20），特殊句式（32、44）。王治敏：词类（16、17、21），语言点辨析（26、27），特殊句式（30、34、35、36、45、46）。闻亭：词类（5、6、7、13、22、23）。张俊萍：词类（1、2），语言点辨析（28），特殊句式（33、

40、41、42）。

下册分工如下[1]（按照姓氏音序排列）：

李靖华：句子成分（63、65、66、67、69、70、71、72、73、74、75），复句（79、89）。李艳华：固定格式（49），句子成分（68），复句（78、80、82、86、88），句类（96、97、98）。彭锦维：特殊表达（50），句子成分（62），复句（90、91），句类（94、95）。王鸿滨：固定格式（52、53），特殊表达（56、57、58、59）。王治敏：固定格式（48）。闻亭：固定格式（47、51），句子成分（64），复句（76、81、83、84、93），句类（99、100）。张俊萍：特殊表达（54、55），句子成分（60、61），复句（77、85、87、92）。

《基于新标准体系的国际中文教育教学语法资源建设研究》

研制组

2022年7月7日

1 《基于新标准体系的国际中文教育教学语法资源建设研究》上、下两册连续编排语言点序号。

目录

第一部分　词类

第二部分 语言点辨析

第三部分 特殊句式

第一部分 词类

1 副词“也”

语法意义及功能

副词“也”表达跟前一句一样的情况。

语法知识储备

一、在多数初级汉语教材中，学习副词“也”之前学生应该学过一些最基本的动词和句型。比如动词“是”，“他是中国人、她是学生”；再如动词“有”，“她有一个弟弟”；动词“喜欢”，“我喜欢牛奶”；动词“爱”，“妈妈爱我”。或者至少学过问候表达，比如“你好吗、我很好”。教师可带领学生在此基础上操练“也”。

二、副词“也”用在动词短语或形容词短语之前、主语之后。

三、与此语言点相关的还有副词“还”。当学生们之后学到“还”的时候，一般会提出“也”和“还”有什么区别这样的问题，建议任课教师提前做好给初级汉语水平的学生辨析“也”和“还”的准备。

教学核心思路

一、本语言点的教学核心思路是以旧带新、大量操练。

二、通过对已学句型的复习，引出副词“也”，指出副词“也”用于表达“跟前一句陈述的事实一样”的意思。如果学生已学过“你好吗、我很好”等问候表达，教师可以接着询问“你妈妈好吗”，并引导学生说出答句“我妈妈也很好”。假如学生已学过“是”字句，教师带领学生复习“他是中国人”这一句型后，便可就此引出副词“也”，比如“他是中国人，我也是中国人”。

二语教学中大量操练非常重要，可以通过PPT模拟大量真实情境进行操练。建议教师把已学过的动词都配上情境图片，进行副词“也”的操练，比如“喜欢、有、爱”等。

三、“也”在很多初级教材里出现得比较早，教师应注意在后续的课上反复操练。“也”使用范围很广，多操练学生才能真正会用、常用。

偏误

[**错序**]“也”的位置有误。

*我不是老师，她不是老师也。

*我不是老师，她不也是老师。

*我是老师，她是老师也。

课堂描述

“也”表达“一样”的意思。

导入

扫描二维码
获取图片

[情境导入]

提示：PPT 上配照片，教师可以指着照片说“妈妈爱我，爸爸也爱我”，一边说一边在 PPT 上弹出一张画着爱心的图。

1. 妈妈爱我，爸爸也爱我。

2. 我爱妈妈，也爱爸爸。

肯定范例及结构

她喜欢牛奶，也喜欢鱼。

[主语 + 动词短语 $_1$，也 + 动词短语 $_2$]

他是老师，我也是老师。

[主语 $_1$ + 动词短语，主语 $_2$ + 也 + 动词短语]

白色的裙子很漂亮，红色的也很漂亮。

[主语 $_1$ + 形容词短语，主语 $_2$ + 也 + 形容词短语]

否定范例及结构

我不喜欢鸡蛋，也不喜欢面条儿。

[主语 + 不 + 动词短语 $_1$，也 + 不 + 动词短语 $_2$]

她不是学生，我也不是学生。

[主语 $_1$ + 不 + 动词短语，主语 $_2$ + 也 + 不 + 动词短语]

妈妈不高兴，我也不高兴。

[主语 $_1$ + 不 + 形容词，主语 $_2$ + 也 + 不 + 形容词]

疑问范例及结构

你也是老师吗？

[主语 + 也 + 动词短语 + 吗]

今天也很热吗？

[主语 + 也 + 形容词短语 + 吗]

操练

一、[好伙伴词句配合活动]

教师提前在纸卡上写好词语，比如“喜欢、是、英国人、中国人、学生、老师、牛奶、鸡蛋、鱼、咖啡”等。

学生三人一组进行活动。比如学生 A、B、C 三人，教师首先给学生 C 纸卡“也”；其次，让学生 A 抽纸卡并大声读出纸卡上的词，如纸卡上的词是“老师”；然后，让学生 B 用学生 A 抽到的词说一句话，如“她是老师”；最后，让学生 C 高举纸卡“也”，用“也”说问句“你也是老师吗”，可由全班同学回答，也可由教师指定某个学生来回答。

二、[快速提问]

1. 我是老师，你也是老师吗？

2. 他是美国人，你也是美国人吗？

3. 他是学生，你也是学生吗？

4. 我是中国人，你也是中国人吗？

5. 老师喜欢牛奶，你也喜欢牛奶吗？

6. 她不喜欢鱼，你也不喜欢鱼吗？

课堂活动

一、[排队游戏]

扫描二维码获取图片

教师在黑板上或 PPT 上画 ☺ 和 ☹ 两个图案，分别表示“喜欢”和“不喜欢”的意思。

教师高举物品图片或者在 PPT 上展示图片。比如第一个图片是苹果，教师说“我喜欢苹果”，学生们可以抢着说“我也喜欢苹果”，边说边站到☺前边；也可能有学生说“我不喜欢苹果”，那就站到☹前边。教师带着学生一起计数，每多一个学生加一分，最后统计两个队分别得几分。

依次展示后续图片，教师应注意肯定形式和否定形式要轮换着说。

二、[小调查——也（不）喜欢]

扫描二维码获取表格

发调查表格，第一列是名字，其他几列是物品名，比如“咖啡、鸡蛋、鱼、苹果、面条儿”等。表格里第一行是示范，比如第一行名字是“张老师”，“咖啡、鱼、苹果”的下方是笑脸或“✓”，表示喜欢；“鸡蛋、面条儿”的下方是哭脸或“×”，表示不喜欢。三人一组，组内调查、填表，并派代表汇报调查结果。汇报时所用句子为“……喜欢……，也喜欢……”或“……不喜欢……，……也不喜欢……”等。汇报结束后，教师讲评总结。

三、[找朋友]

教师准备多张词卡，学生五人一组，组内只有两个学生的词卡是相同的。

假如学生 A 和学生 E 的卡是一样的，都是“苹果”。请学生 A 逐一去问：“你也有苹果吗？”学生 B、C、D 手里的词卡不是“苹果”，所以他们都应该回答：“我没有（苹果）。”直到学生 A 找到学生 E，因为学生 E 手里的词卡是“苹果”，所以学生 E 应该回答：“我也有苹果。”此时，这一组的活动到此结束。

教师引导下一组的学生继续“找朋友”的活动。

问一次就找到朋友的加 4 分，问两次找到朋友的加 3 分，依此类推，问到第四次才找到朋友的只能加 1 分。得分高的组获胜。

练习与测试

选择合适的位置。

1. 我是 A 中国人，B 你 C 是中国人 D 吗？（也）

2. A 白色的 B 那件很 C 漂亮，红色的 D 很漂亮。（也）

3. 老师喜欢 A 牛奶，B 喜欢 C 咖啡 D。（也）

4. 她 A 不喜欢鱼，你 B 也 C 喜欢鱼 D 吗？（不）

2 副词“都”

语法意义及功能

副词“都”表示总括。

语法知识储备

一、在多数初级汉语教材中，学习副词“都”之前学生已经学过一些最基本的动词和句型。比如动词“是”,“他是中国人、她是学生”；动词“喜欢”，“我喜欢牛奶”；动词“爱”，“妈妈爱我”。或者学过问候表达，比如“你好吗、我很好”。教师可带领学生在此基础上操练“都”。

二、表范围的“都”用在动词短语或形容词短语之前、主语之后。与此知识点相关的还有“一块儿、一起、也”等副词。

三、在陈述句中，表范围的“都”总括前面的主语，主语应该是复数，比如“爸爸、妈妈和我都喜欢吃鱼”；在特指疑问句中，表范围的“都”总括动词后面的宾语，宾语中常有疑问代词，比如“什么”“哪儿”等，主语可以为单数，比如“你都喜欢什么运动”，回答这个问题时，可以说“我喜欢跑步、游泳”或者“跑步、游泳我都喜欢”。

教学核心思路

一、温故知新，以旧带新，比如导入时先复习“也”的用法。

二、通过对已学句型的复习，引出副词“都”表示总括的意思。

教师应充分运用手势，帮助学生理解“总括”的意思。比如已学过“你好吗、我很好”，教师便可接着询问“你爸爸妈妈好吗”，并引导学生说出“他们都很好”。或者已学过“是”字句，复习该句型后，教师便可引出副词“都”，如“你是美国人，她也是美国人，你们都是美国人”。

教师可通过 PPT 模拟真实情境，进行副词“都”的大量操练。建议教师把已学过的动词都配上情境图片，比如“喜欢、爱”等。

“都”在很多初级教材里出现得比较早，教师要注意在后续的课上反复操练。

三、注意：“我们不都是学生”这样的部分否定对初级汉语学习者来说偏难，不建议教师在本次语言点教学中呈现，可以考虑在后续的学习中补充。

偏误

一、[**错序**]“都不”的位置有误，或者宾语位置有误，或者这两种位置错误同时存在。

* 她们老师是都不。

* 都她们不喜欢牛奶。

* 她们老师都不是。

二、[**误用**]“都”的主语出现偏误，应使用复数主语。

* 我不是老师，她都不是老师。

课堂描述

“都”的意思是“全”。

导入

[情境导入]

提示：PPT 展示图片，教师可以指着图片说“妈妈爱我，爸爸也爱我，他们都爱我”，一边说一边在 PPT 上弹出一张画着两颗爱心的图。

扫描二维码
获取图片

妈妈爱我，爸爸也爱我，他们都爱我。

肯定范例及结构

他是老师，我也是老师，我们都是老师。

她喜欢牛奶，我也喜欢牛奶，我们都喜欢牛奶。

[主语 + 都 + 动词短语]

我爸爸妈妈都很好。

[主语 + 都 + 形容词短语]

否定范例及结构

我不是学生，她也不是学生，我们都不是学生。

你不喜欢鸡蛋，他也不喜欢鸡蛋，你们都不喜欢鸡蛋。

我没有姐姐，他也没有姐姐，我们都没有姐姐。

[主语 + 都 + 不 / 没 + 动词短语]

它们都不漂亮，我不要。

[主语 + 都 + 不 + 形容词]

疑问范例及结构

你们都是老师吗？

你们都不喜欢鸡蛋吗？

[主语 + 都 + 动词短语 + 吗]

他们都很高吗？

[主语 + 都 + 形容词短语 + 吗]

操练

一、[快速提问]

扫描二维码获取图片

教师提前在 PPT 上给出相应的图片。

1. 她们都是老师吗？
2. 他们都是学生吗？
3. 他们都是美国人吗？
4. 他们都是中国人吗？
5. 他们都喜欢牛奶吗？
6. 他们都不喜欢鱼吗？
7. 他们都不喜欢鸡蛋吗？
8. 爸爸妈妈都爱你吗？

二、[语序操练——“都”在哪儿]

准备六张纸卡，上面写上大大的“都”，全班分为 A、B 两组，每个组中有三个人拿着写着“都”的纸卡。教师提前在黑板上写好六个句子，句子分为A、B两列，对应全班两个组。比如左列为A组，有“他们爱我”“他们很好”“我们不是老师”三个句子；右列为B组，有“我们爱你”“爸爸妈妈很好”“他们不喜欢牛奶”三个句子。计时开始，请六个学生把手里的“都”字纸卡贴在正确的位置上，看看哪个组又快又准。

课堂活动

一、[找朋友——我们都喜欢……]

准备几组句子卡片，学生五人一组，组内只有两个学生的卡片是相同的，假设学生A和学生E抽到的卡片是一样的，都是“我喜欢苹果”。学生A逐一去问：“我喜欢苹果，你喜欢苹果吗？”学生B、C、D可以按照抽到的句子回答“我不喜欢苹果”，也可以自己创造新的句子，如“我不吃苹果”，直到学生A找到学生E，学生E回答“我们都喜欢苹果”，A找到了朋友，活动结束。

教师可以计时，看看哪组用的时间最少、说的句子最准确。

二、[手拉手——我们都喜欢……色]

准备工作：教师提前做好红色、蓝色、黄色、绿色、粉色等五种彩色纸的台签，摆放在教室里五个合适的位置上。

具体操作：

第一步，请所有学生到黑板前站为一排。

第二步，教师一边说“我喜欢蓝色”，一边拿着写着“都”字的纸卡走到蓝色台签附近，每个学生都模仿教师边走边说，教师也可以提前在PPT上给学生一些提示，如“我喜欢……”“我也喜欢……”“我们都喜欢……”。假如第二个学生边走边说的句子是“我也喜欢蓝色”，就站在教师的后面，假如第三个学生边走边说的句子是“我喜欢蓝色”，教师就可以利用手里的“都”字纸卡，提醒这个学生说出“我们都喜欢蓝色”。

第三步，最后一个学生说完后，教师先带领其所在队的学生手拉手大声说“我们都喜欢蓝色”，然后指着另几个队说“你们都喜欢绿色”“他们都喜欢红色”等。

第四步，其他几个队也要说三句话，用上“我们都喜欢……，你们都喜欢……，他们都喜欢……”。

练习与测试

一、组句。

1. 英国人　都　我们　是

____

2. 老师　她们　都　是

____

3. 都　不　妈妈　鸡蛋　喜欢　和　我

____

二、选择合适的位置。

1. A 他们 B 是 C 学生 D 吗？（都）

2. 她们 A 喜欢 B 牛奶 C 吗 D？（都）

3. A 你们都 B 喜欢 C 鱼 D 吗？（不）

4. 你不 A 喜欢鸡蛋，他也不 B 喜欢鸡蛋，C 你们 D 不喜欢鸡蛋。（都）

3 能愿动词“想、要”

语法意义及功能

能愿动词“想”与“要”表示施事对动作完成的某种主观愿望或打算，常放在动词前面。

语法知识储备

一、能愿动词“想”与“要”均表示施事希望或打算去做某事。

1. 能愿动词“想”与“要”常放在动词前面，后面不能直接带“着、了、过”。

2. 能愿动词“想”和“要”都能够单独做谓语，主要出现在答话中。

二、要注意能愿动词“想”和“要”的区别：

1. “想”表示一种愿望，“想”做的事情常常是一种计划、打算、想法，前边可以用表示程度的“很、非常”来修饰；

2. “要”表示一种意愿、要求，“要”做的事情常常是说话人主观上一定要实现的，前面常有“一定、肯定”等修饰词；

3. 在表达否定意义时，否定词“不”要放在能愿动词前面：“想”的否定形式是“不想”；“要”表示做某事的意愿时，其否定形式为“不想”，而“不要”则有别的意思，表示“劝阻”或“拒绝”；

4. 在正反疑问句中，要用能愿动词的正反疑问形式提问，例如“想不想去”“要不要做”。

三、注意:“想”与“要”还有非能愿动词的用法，如“我想你”“我要三斤苹果”等。

教学核心思路

一、设置情境，进行对比，帮助学生理解“想”和“要”的联系和区别。

二、教学目标除了让学生掌握意愿类能愿动词“想”和“要”在句中的位置、与修饰副词的搭配以及二者的否定形式外，更重要的是让学生在语境对比下，进一步理解能愿动词“想”和“要”在句法、语义上的差别，进而理解特定语境对于能愿动词“想”和“要”的选择和限制。

三、注意要及时纠正学生“想”和“要”混淆使用的偏误。

偏误

一、[**误用**]“想”和“要”混淆使用。

* 我很要学游泳，可是我怕水。

* 老师，今天我们不要听写。

* 我一定想学好汉语。

* 你不想很晚睡觉!

二、[**误用**] 在带有能愿动词的正反疑问句中，误将动词的肯定形式和否定形式并列。

* 想去不去?

* 要交不交费?

三、[**误用**]“要”的否定形式为“不想”或“不”。

A：你要去看电影吗？

B：*我不要看电影。

A：他要去中国旅游吗？

B：*他不要去中国旅游。

四、[**错序**] 在“把”字句、连动句等特殊句式中，能愿动词“想”和“要”在句中的位置有误。

* 他把书想还给你。

* 他去超市要买东西。

课堂描述

能愿动词“想”与“要”都表示希望或打算去做某事。

导入

教师根据真实的情况，设置情境进行提问。

师：明天星期六，你想去颐和园吗？

生：我想去颐和园。

师：你同屋也想去颐和园吗？

生：她不想去颐和园，明天她要和朋友去逛街。

肯定范例及结构

我想唱歌。

我们想去颐和园。

[主语 + 想 + 动词（+ 宾语）]

我要去。

我要去中国。

[主语 + 要 + 动词（+ 宾语）]

否定范例及结构

我们不想去颐和园。

[主语 + 不想 + 动词（+ 宾语）]

你不要抽烟！

[主语 + 不要 + 动词（+ 宾语）]

疑问范例及结构

你想去颐和园吗？

你要去颐和园吗？

[主语 + 想 / 要 + 动词（+ 宾语）+ 吗]

你想不想学汉语？

你要不要买水果？

[主语 + 想不想 / 要不要 + 动词（+ 宾语）]

操练

一、[教师随机提问]

师：你想爬长城吗？

生$_1$：我想爬长城。

生$_2$：我不想爬长城。

生$_3$：……

生$_4$：……

师：星期天你们要上课吗？

生$_1$：星期天我们不想上课。

生$_2$：……

生$_3$：……

二、[学生两两对话]

使用“想”和“要”提问和回答。

生$_1$：下课后，你想打篮球吗？

生$_2$：下课后，我想/不想打篮球。

生$_1$：下课后，你要吃饭吗？

生$_2$：下课后，我要/不想吃饭。

互换角色，再练习一遍。

课堂活动

一、[愿望大比拼]

学生两人一组，一人说出自己的愿望，如："我想当发明家。"然后问同伴："你想当什么？"同伴根据自己的情况回答，如："我想当篮球运动员。"比一比，看谁说得又快又多。

二、[造句接龙]

教师准备好词语卡片，将学生分为五组。教师出示词卡，要求学生用"想""要"快速造句。句子正确，则学生所在的小组加一分，分数最多的小组获胜。

练习与测试

一、组句。

1. 想 我 打 排球 不

____

2. 大卫 星期天 上课 不 想

____

3. 汉语 我 中国 要 去 学

____

二、用“要”和“想”看图说话。

扫描二维码
获取图片

1. 她想吃西餐。

2. 她不想学数学。

3. 小王不想加班。

4. 玛丽想睡觉。

5. 同学们要去上课。

三、完成对话。

1. A：你想回意大利吗？

   B：________________________。（想）

2. A：我要去图书馆，咱们一起去吧。

   B：________________________。（不）

4 能愿动词“能、会”

语法意义及功能

能愿动词“能”与“会”表示施事有完成动作的可能、能力或意愿，常放在动词前面。

语法知识储备

一、能愿动词“能”与“会”表示施事自身有能力、可能或愿意做某事。

二、能愿动词“能”与“会”在使用上并不完全相同：

1.“会”表示通过学习获得某种能力，而“能”指在具备主客观条件的情况下有能力做某事；

2. 在表达推测、估计的意思时，“能”强调主客观上具备某种条件，例如“我能去”，“会”则更多的是表达说话人的主观想法，例如“我会去”；

3. 在表示环境、条件或情理上允许时，只能用“能”，不能用“会”；

4. 在表示允许或能力的恢复时，一般用“能”，例如“我能打球了”，不用“会”；

5. 在估计某种可能性时要用“会”，不用“能”，例如“你会迟到的”。

教学核心思路

一、设置情境，进行对比，帮助学生理解“能”和“会”的联系和区别。

二、能愿动词“能”和“会”是汉语作为第二语言教学的难点和重点，要帮助学生仔细加以区别。首先，帮助学生掌握“能”和“会”各自的基本语义和使用特点；其次，在帮助学生掌握基本语义的基础上，引导学生理解二者的引申用法；最后，加强“能”和“会”的对比教学，帮助学生进一步领会能愿动词表达语义的特点和使用条件。

三、注意要及时纠正学生“能”和“会”混淆使用的偏误。

偏误

一、[**误用**] 在带有能愿动词的正反疑问句中，误将动词的肯定形式和否定形式并列。

* 你会唱不唱歌?

* 你能去不去上学?

二、[**误用**]“能”和“会”混淆使用。

* 我的腿好了，会走路了。

* 他病了，不会来上课了。

* 如果你认真学习，成绩就不能不好。

课堂描述

能愿动词“能”与“会”表示有能力、有可能或愿意做某事。

导入

一、[图片导入]

扫描二维码获取图片

图片 1 中的人会游泳，图片 2 中的人不会游泳。教师使用直接法提问，请学生回答。

1. 他（图 1）会游泳吗？

2. 她（图 2）会游泳吗？

3. 你会游泳吗？

4. 你能游 100 米吗？

二、[教师提问]

教师根据学生的情况，找一种大多数学生不会做或完不成的事情进行提问。

1. 你会……吗？（写书法、做中国菜、打太极拳等）

2. 你能……吗？（一分钟写 30 个汉字、一次游 500 米等）

肯定范例及结构

我会游泳。

我会包饺子。

[主语 + 会 + 动词（+ 宾语）]

我能去。

我能完成作业。

[主语 + 能 + 动词（+ 宾语）]

否定范例及结构

我不会包饺子。

[主语 + 不会 + 动词（+ 宾语）]

我不能迟到。

我不能喝酒。

[主语 + 不能 + 动词（+ 宾语）]

疑问范例及结构

你会游泳吗？

你会包饺子吗？

[主语 + 会 + 动词（+ 宾语）+ 吗]

你会不会游泳？

你会不会包饺子？

[主语 + 会不会 + 动词（+ 宾语）]

你能去吗？

你能帮我吗？

[主语 + 能 + 动词（+ 宾语）+ 吗]

你能不能帮我？

[主语 + 能不能 + 动词（+ 宾语）]

操练

一、[速问速答]

师：你们会用筷子吗？

生：我会/不会用筷子。

师：大卫，你会用筷子吗？

大卫：我不会用筷子。

师：安妮，你会不会用筷子？

安妮：我会用筷子。

二、[教师给情境，学生说句子]

师：明天有游泳比赛，但是安妮生病了，她能不能去比赛？

生：安妮生病了，她不能去比赛。

师：明天有篮球赛，但大卫不喜欢篮球，他会不会去看比赛？

生：大卫不喜欢篮球，他不会去看比赛。

三、[互问互答]

根据教师提供的词语，学生自由提问。如“开车、上课、打字、做饭、说法语”等。

课堂活动

一、[小调查]

请学生调查 5 ～ 10 位班级中的同学，看看有什么才能是自己不会，但是同学们会的。比如："我不会骑马，他会骑马。"

二、[一问一答]

教师准备卡片，学生两人一组，分别提问并回答。

生$_1$：你会打字吗？

生$_2$：我会/不会打字。

生$_1$：你一分钟能不能打40个汉字？

生$_2$：我一分钟能打40个汉字，你呢？

生$_1$：我不会打字。

互换角色，再来一遍。教师可以让学生上台展示。

练习与测试

一、组句。

1. 会　他　画　中国画

____

2. 我　上课　去　不能

____

3. 一分钟　小王　130　字　能　打　多个

____

4. 他　吃　一顿　能　米饭　两碗

____

二、用“能”和“会”看图说话。

扫描二维码
获取图片

1. 她会包饺子。

2. 她不会骑自行车。

3. 大卫一分钟能打 40 个字。

三、完成对话。

1. A：你会开车吗？

B：____________________。（不会）

2. A：你一分钟能游 200 米吗？

B：____________________。（不能）

四、用“能”和“会”填空。

1. 大卫________说很多种语言。

2. 周末我学________包饺子了，可是很长时间才________包好一个。

3. 这道菜太辣了，你________吃吗？

4. 看样子一会儿可能________下雨。

5. A：你_______开车吗？

B：我_______开车，不过今天我喝酒了，不_______开车。

五、选择合适的位置。

1. 小女孩儿才 3 岁，A 可是 B 已经 C 用中文 D 写自己的名字了。（能）

2. 我 A 以前 B 没学过游泳，C 不 D 游。（会）

3. A 除了日本菜以外 B，三木还 C 做 D 中国菜。（会）

4. 大卫刚 A 来中国的时候，一点儿汉语 B 也不 C 说 D。（会）

5 语气助词"了"(1)

语法意义及功能

语气助词"了"用在句尾，描述和询问已经发生的事情，有成句的作用。

语法知识储备

一、语气助词"了"用在句尾，说明事情的发生、动作的完成、情况的出现和状态的变化等，表示一种肯定语气，有成句的作用。

二、在动词前使用"没（有）"表示否定意义时，句尾不用"了"。比如："今天他不舒服，没（有）去上课。"

三、句中有表示动作、行为经常发生的"常常、总是、每"等副词时，句尾不能用"了"，比如不能说："我下午经常锻炼身体了。"

四、回答带有语气助词"了"的问句时，有时会使用"还没（有）……呢"，如："你预习生词了吗？""我还没预习生词呢。"意思是事情现在还没有开始或者完成，但是即将开始或者完成。

教学核心思路

一、运用学生实际生活中发生的事情进行操练。

二、教师用"了"对过去发生的事情进行提问，比如前一天的事情、上个周末的事情等。引导学生说出以前发生的事情，并互相提问回答。

三、注意提醒学生在否定的时候不用“了”。

偏误

一、[**误加**] 否定句中误加“了”。

* 我没写完作业了。

二、[**误用**] 在有“常常、经常、总是”等频率副词的句子中误用“了”。

* 我上中学时常常游泳了。

三、[**误用**] 动态助词“了”和语气助词“了”的误用。

* 昨天我骑了自行车去邮局。

课堂描述

“了”用在句子的最后，表示已经完成的事情。

导入

[教师提问]

师：昨天晚上大家都做什么了？

生：预习生词、和朋友吃饭。

师：昨天晚上他预习生词了。她和朋友吃饭了。（“了”要着重强调）

师：我知道上个周末很多同学都出去玩儿了。大家都去哪儿了？

生：我去长城了。

师：你也去长城了吗？（有学生摇头）他没有去长城。（着重强调“没有”）

利用学生回答的句子总结肯定句、否定句和疑问句的格式。

肯定范例及结构

昨天晚上我预习生词了。

[主语 + 动词（+ 宾语）+ 了]

否定范例及结构

昨天晚上我没预习生词。

[主语 + 没（有）+ 动词（+ 宾语）]

疑问范例及结构

昨天晚上你预习生词了吗？

昨天晚上你预习生词了没有？

[主语 + 动词（+ 宾语）+ 了 + 吗 / 没有]

操练

[……你做什么了？你……了吗 / 没有？]

1. 两人一组，使用上面的句式提问并回答，内容可以是已经过去的课余生活比较丰富的某一天，如周末、寒假、暑假等。提示学生注意时间以及“了”的使用。

2. 全班同学一起互相提问和回答。其间，教师可在必要时停下来，让学生说一说刚才的同学在过去的什么时间做什么了。

课堂活动

一、[我们班同学的周末]

1. 小组讨论。两人一组，说一说自己周末一般做什么、上个周末做什么了。如：“上周末我骑车去超市了”。（提示学生：介绍周末一般做什么时不用“了”，介绍上一个周末做什么时要用“了”）

2. 集体讨论。学生们一起说一说自己的周末生活。

3. 语篇练习。教师引导学生说两段话，第一段话陈述大家的周末一般怎么过，第二段话介绍大家上一个周末的生活。

二、[猜猜看]

1. 大家一起猜猜班里的一位同学昨天都做什么了。这个学生用“……了”“没……”来回答大家的猜测。

2. 大家一起总结一下这个学生昨天做什么了、没做什么。

练习与测试

一、组句。

1. 昨天　去　我　颐和园　了　骑车

____

2. 周末　玩儿　没有　了　出去　你

____

二、选择合适的位置。

1. 昨天 A 晚上 B 我去商店 C 买东西 D。（了）

2. 你的 A 作业 B 写 C 好 D 没有？（了）

三、完成对话。

A：周六晚上我去宿舍找你了，你不在。

B：我出去了。

A：________________________________

B：我去看电影了。

A：________________________________

B：对，我周末常去看电影。你周末做什么了？

A：________________________________

6 语气助词“了”(2)

语法意义及功能

语气助词“了”用在句尾表示变化。

语法知识储备

一、语气助词“了”可以用在肯定句句尾表示变化，如：

1. 我会说汉语了。(“我”以前不会说汉语)

2. 外面下雨了。(以前没有下雨)

3. 秋天了，树叶黄了。(季节变了，树叶的颜色也变了)

4. 她今年三岁了。(年龄变了)

二、跟动态助词“了”不同，语气助词“了”可以用在否定句句尾表示变化，如：

1. 我不发烧了。(以前“我”在发烧)

2. 我没钱了。(以前“我”有钱)

教学核心思路

一、结合学生自身的真实变化使用语气助词“了”展开会话。

二、从周围的变化出发，如天气的变化，学生的语言水平、外貌特征的变化等，引导学生发现变化、描述变化。如“天气越来越冷了”“我会的汉字多了”等。

三、练习时注意，一般肯定句练习得较多，但也需要练习否定句。此外，表示变化的“了”常与“越来越”一起用，也可以适当练习。

偏误

一、[**遗漏**] 表示变化时遗漏“了”。

* 冬天来了，天气冷。

二、[**遗漏**] 表示否定时遗漏“了”。

* 他昨天发高烧，今天不发烧。

课堂描述

“了”用在句子的最后，说明变化。

导入

教师根据学生的实际情况设计问题，让学生们说说同学们的变化。

师：大家觉得自己或者同学最近有什么变化吗？

生$_1$：我比以前胖。

师：可以说“比以前胖了”。

生$_1$：我比以前胖了。

师：大家的汉语是不是越来越好了？

生：对！越来越好了。

师：口语呢？

生：口语也越来越好了。

师：会写的汉字……

生：会写的汉字多了。

肯定范例及结构

我会说汉语了。

[主语 + 动词（+ 宾语）+ 了]

天气冷了。

[主语 + 形容词 + 了]

否定范例及结构

刚才外面在下雪，现在不下了。

[主语 + 不 + 动词（+ 宾语）+ 了]

休息了一会儿，我已经不累了。

[主语 + 不 + 形容词 + 了]

疑问范例及结构

外面的雪停了没有？

[主语 + 动词（+ 宾语）+ 了 + 吗 / 没有]

你的病好了吗？

[主语 + 形容词 + 了 + 吗 / 没有]

操练

[看图说句子]

扫描二维码获取图片

1. 下雨了。
2. 他考得越来越好了。
3. 他长大了。
4. 他不发烧了。
5. 教室里没有人了。

课堂活动

一、[小组讨论]

说一说自己和其他人最近的变化，话题举例如：

1. 我最近很少锻炼身体，越来越胖，你们有什么变化吗？
2. 你最近的生活有什么变化？
3. 你觉得自己的汉语有进步吗？有什么变化？
4. 你觉得咱们班同学有什么变化吗？

二、[小组讨论]

说一说社会的变化，话题举例如：

1. 学校最近有什么变化？

(教师可以引导，比如图书馆的书多了、食堂的菜种类多了……)

2. 你觉得你居住的城市这几年有什么变化？

(教师可以引导，比如空气、交通、人口等方面的变化)

3. 我们生活的地球有什么变化？

(教师可以引导，比如动物的数量、气温等方面的变化)

练习与测试

一、看图完成句子。

扫描二维码
获取图片

1. 花 ______________________。

2. 他 ______________________。

3. 他的汉字 ________________。

4. 外面 ____________________。

5. 春天来了，____________；夏天来了，____________；
   秋天来了，____________；冬天来了，____________。

二、组句。

1. 到了　秋天　了　苹果　红

____

2. 他　发音　的　好　了　越来越

____

3. 的　病　好　奶奶　了

____

7 动态助词“了”

语法意义及功能

动态助词“了”位于动词后面，描述或询问已完成的动作或者已发生的事情。

语法知识储备

一、动态助词“了”用在动词的后面，表示动作的完成。动态助词“了”既可以表示过去的动作已经完成，如“我昨天下了课就去食堂了”中的第一个“了”；也可以表示将来动作的完成，如“今天我打算下了课就去食堂吃饭”；还可以表示经常性的动作，如“我常常下了课就去食堂吃饭”。

二、“动词 + 了”中的动词一般不能是心理动词，如不能说“我喜欢了他”。如果“喜欢、想、有、是”等动词做谓语的句子末尾有“了”，“了”是表示出现新的情况或情况发生变化的语气助词“了”，如“她有孩子了”。

三、“动词 + 了”带宾语时：

1. 宾语前要有数量短语或其他词语做定语，如“我买了一本书”。

2. 宾语前没有数量短语或其他定语时，句末要有语气助词“了”才能成句，如“我买了书了”。

3. 宾语前没有数量短语或其他定语，句末也没有语气助词“了”

时，必须再带一个动词或分句，表示第二个动作紧跟在第一个动作后发生，如“昨天我下了课就回家了”。

四、在连动句中，如果后一个动词表示目的，那么“了”要放在表示目的的第二个动词后，不能放在第一个动词后，如“周末他去见了几个朋友，又去看了一场电影”。

教学核心思路

一、采用直接教学法引出标准句式并进行操练，如从“今天早晨我喝了一杯牛奶，吃了一个面包，你们呢”逐步扩展到不同的动词和时间。

二、先回忆以前做的事情，操练动词后面的“了”，强调“了”的位置；然后创设表示以前、现在、以后的时间情境，如“昨天下了课你去做什么了、下了课你常常做什么、今天下了课以后你打算做什么”等，让学生感受动词后面的“了”表达的事情可以是过去发生的，也可以是经常发生的，还可以是以后发生的。

三、注意：一般来说，句尾的语气助词“了”会先学，动态助词“了”后学。在学生尚未掌握好这两个语言点时，不宜进行比较，应以典型句型为教学重点。比如，导入时避免问“今天早晨你吃什么了”，可以使用“我吃了＋数量短语＋名词，你呢”引导学生模仿。

偏误

一、［**误加**］否定句中误加“了”。

* 昨天我没去了学校。

二、[**错序**] 连动句中“了”的位置有误。

* 我去了五道口见几个朋友。

三、[**错序**] 动词为离合词时，“了”的位置有误。

* 我游一会儿泳了。

课堂描述

“了”放在动词的后面，说明动作完成了，时间可以是以前、现在、以后。

导入

一、从过去已经完成的事情导入，练习动态助词“了”，如“早饭吃了什么、吃了多少”。

师：今天早上我吃了两个包子，喝了一杯牛奶。你们呢？

生$_1$：我吃了一个面包，喝了一杯果汁。

生$_2$：我吃了面包，喝了牛奶。

师：你吃了什么？（问生$_3$）

生$_3$：（摇头）我没吃早饭。

二、从经常性的、将来要完成的动作导入“了”的使用。

师：大家下了课常常去哪里吃饭？

生$_1$：我下了课常常去食堂。

生$_2$：我下了课回宿舍，自己做饭。

师：今天下了课大家打算去哪儿吃饭啊？

生$_3$：我下了课去食堂。

生$_4$：我也打算下了课去食堂。

肯定范例及结构

昨天我上了四节汉语课。

[主语 + 动词 + 了（+ 数量短语 + 宾语）]

否定范例及结构

昨天我没上汉语课。

[主语 + 没（有）+ 动词（+ 宾语）]

疑问范例及结构

你吃了午饭没有？

[主语 + 动词 + 了（+ 宾语）+ 没有]

昨天你上没上汉语课？

[主语 + 动词 + 没 + 动词（+ 宾语）]

操练

一、[看图说话]

扫描二维码获取图片

我昨天去了超市，买了很多东西。我买了水果，买了牛奶，买了面包……

二、[生生问答]

生$_1$：这几天你去超市买东西了吗？买了什么？

生$_2$：我去超市了，我买了……

课堂活动

一、[说说学汉语的故事]

提示：学习了多少篇课文？多少生词？认识了多少个中国朋友？

二、[说说有趣的一天]

提示：去了什么地方？做了什么？吃了什么？买了什么？买了多少？

练习与测试

一、组句。

1. 我　了　中国　认识　很多　朋友

____

2. 我　词典　买　了　本　两

____

二、选择合适的位置。

1. 我想 A 下 B 课 C 回宿舍 D 休息。（了）

2. 今天 A 我 B 买 C 好多 D 东西。（了）

三、用“了”完成对话。

A：____________________？

B：我去超市了。

A：买了什么？

B：____________________。

8 结构助词“的”

语法意义及功能

“的”连接定语及其中心语，表示领属或修饰关系，是定语的语法标志。

语法知识储备

一、结构助词“的”用在定语和中心语之间起连接作用，基本用法是“定语 + 的 + 中心语”，定语可以是名词、代词、动词或形容词等，中心语一般都是名词。

二、“的”作为定语的语法标志，可以表示定语和中心语之间的修饰限制关系，但不是所有的定语都要用“的”，如：

1. 说明性质、亲属关系和所在机构时，通常不用“的”，如“丝绸衬衫、我哥哥、我们公司”；

2. 单音节形容词做定语，表示限定关系、具有描写作用时，不用“的”，如“男老师、红花、绿草”；

3. 指示代词、疑问代词做定语后面一般不加“的”，如“这孩子、哪个人”；

三、助词“的”放在实词、短语、句子后面，构成“的”字短语的用法，不在此语言点范围内，如“修车的”。

教学核心思路

一、以旧带新，分阶段教学，循序渐进地进行操练。

二、教师可采取分阶段处理的办法，逐渐降低难度，例如在初级阶段，只教给学生基本的用法，比如“……的+名词”；对于使用频率不高、相对比较难掌握的格式，教师可以采取分散教学的方式，见一个教一个。在帮助学生逐步掌握“的”的使用规则之后，立即进行强化练习，帮助学生明确结构助词“的”在各类定语中的作用及功能，进一步深入领会定语的语法标记以及虚词在汉语语法表达中的作用。

三、注意：作为定语的语法标记，定语和中心语之间什么时候用“的”、什么时候不用“的”是教学中的难点，教师可以给出大量例子，引导学生总结规律。

偏误

一、［**误加**］不该用“的”的地方误加。

*纸的箱子

*这是中文的书。

*他是汉语的老师。

*纸的杯子摔坏了。

二、［**遗漏**］该用“的”的地方遗漏。

*我送给妈妈一件很漂亮衣服。

*这是我写作文。

*我们有美丽校园。

三、[**误用**]“的”误用为“地”。

* 美丽地小女孩儿

课堂描述

“的”常用在名词的前面，“的”前面的部分说明这是个什么样的东西、人或地方等。

导入

教师根据实际情况，利用身边的实物、道具直接提问。

师：这是谁的书？

生：老师的书。

师：这是一本什么颜色的书？

生：这是一本绿色的书。

肯定范例及结构

图书馆的书

吃的东西

漂亮的女孩儿

我的同学

他说的话

[**名词 / 动词 / 形容词 / 代词 / 短语 + 的 + 名词**]

操练

一、[扩展句子]

给下面的句子加上适当的定语。

1. 中国菜特别好吃。——（老师做的）中国菜特别好吃。

2. 烤鸭很有名。——（北京的）烤鸭很有名。

3. 风景十分美丽。——（校园的）风景十分美丽。

4. 同学很有意思。——（我们班的）同学很有意思。

5. 字很漂亮。——（他写的）字很漂亮。

6. 晚会特别热闹。——（周末的）晚会特别热闹。

7. 手机真不错。——（你刚买的）手机真不错。

二、[补充定语]

教师给出一个名词，要求学生加上定语。比如教师说“照片”，学生可以加不同的定语，如“我的照片”“我拍的照片”“去年的照片”。

课堂活动

一、[拼一拼]

教师事先准备好三种颜色的卡片，卡片上分别写好相应的字词，发给学生，每三个学生一组，要求他们把不同颜色的卡片排列组合成一个短语。

卡片可设置如下：

卡片 1 组（五张红色卡片），分别写上“他、漂亮、红红、白白、我”；

卡片 2 组（五张黄色卡片），分别写上“的”；

卡片3组（五张蓝色卡片），分别写上“房子、书、苹果、云、学生”。

二、[比比看]

两个学生一组，用教师给的卡片（卡片内容可以是图片，也可以只是关键词）说句子，看谁在一分钟内说得多、说得准确。

卡片上的目标语句如下：

1. 大卫是1班的同学；玛丽不是1班的同学，她是2班的同学；小明不是1班的同学，也不是2班的同学，他是3班的同学。

2. 书是我的，花是妈妈的，西装是爸爸的，眼镜是奶奶的，电脑是姐姐的，足球是弟弟的，象棋是爷爷的。

练习与测试

一、用括号里的词语完成句子。

例：打篮球的人都是我的朋友。（打篮球）

1. ________很好吃。（妈妈做）

2. ________怎么没有了？（桌子上）

3. 杰克今天穿了________。（黑色）

4. ________是一本汉语词典。（礼物）

二、完成对话。

例：A：桌子上是谁的书？

B：桌子上是我的书。

1. A：他们是哪个学校的学生？

   B：他们是________________。

2. A：这是谁的自行车？

   B：这是________________。

3. A：这是大卫的房间吗？

   B：不是，________________。

9 结构助词“地”

语法意义及功能

“地”连接状语及其中心语，起连接作用，是状语的语法标志。

语法知识储备

一、结构助词“地”往往位于谓语的前面，是状语的语法标志，其基本用法是“状语＋地＋中心语”，中心语就是被状语限制或描写的动作或行为状态，大多是动词，也有一部分是形容词、介词短语或固定短语等。

二、尽管结构助词“地”是状语形式上的一种标记，但不是所有的状语都要用“地”，其中的“地”有时必须使用，有时不用，有时可用可不用。一般来说，状语和各类中心语之间是否用“地”，与状语成分的性质、类别以及音节数有关；不带“地”的状语，从性质上看都是限制、说明中心语的限定性状语。具体而言：

1. 单音节形容词、介词短语做状语，不用“地”，如“多听多说”“向前走”；

2. 动词做状语表示动作的方式时，一般不用“地”，如“坐车去”；

3. 数量短语做状语，一般不用“地”，如“一次通过”；

4. 相当一部分多音节形容词做状语时，“地”可加可不加，如“认真（地）学习”。但是，形容词重叠做状语或形容词前有副词修饰时，要加“地”，如“认认真真地学习”“非常认真地学习”。

教学核心思路

一、以旧带新，分阶段教学，循序渐进地进行操练。

二、教师可采取分阶段处理的办法降低难度。在初级阶段只教给学生基本的用法，如“动词 / 形容词 + 地 + 动词 / 形容词”。对于使用频率不高或相对比较难掌握的格式，教师可以采取分散教学的方式，见一个教一个。在帮助学生逐步掌握“地”的使用规则之后，应立即进行强化练习，让学生明确结构助词“地”在各类状语中的作用及功能，进一步深入领会状语的语法标记以及虚词在汉语语法表达中的作用。

三、注意：状语和中心语之间什么时候用“地”、什么时候不用“地”是教学中的难点，由于规则比较烦琐，教师需另辟蹊径寻找简易可行的方法，把规则落实到教学中。

偏误

一、[**误加**] 不该用“地”的地方误加“地”。

* 多地听、多地说、多地练习，才能学好汉语。

* 快地跑，来不及了。

* 您慢地走。

二、[**遗漏**] 该用“地”的地方遗漏。

* 她每天都开心玩儿。

* 他高兴说：“好呀！”

* 他难过告诉我他的小狗丢了。

三、[**误用**]“地”误用为“的”。

*他每天都认真的预习和复习。

*他高兴的说：“我妈妈要来看我啦！”

*我们要开开心心的生活。

课堂描述

结构助词“地”主要用在动词前，“地”前面的部分说明动作是怎么样进行的。

导入

教师先做动作，随后让学生说出这个动作。例如教师一边看书一边问学生问题。

师：老师在做什么？

生：看书。

师：老师认不认真呢？

生：认真。

师：我们可以说：“老师在认真地看书。”（板书例句）

生：老师在认真地看书。

肯定范例及结构

努力地学习

认真地看

伤心地哭了

[动词 / 形容词 + 地 + 动词 / 动词短语]

操练

[扩展句子]

给下面的句子加上适当的状语。

1. 服务员打扫卫生。——服务员（认真地）打扫卫生。

2. 外国游客参观博物馆。——外国游客（高兴地）参观博物馆。

3. 小朋友们做游戏。——小朋友们（开心地）做游戏。

4. 我查资料。——我（在图书馆）（认真地）查资料。

课堂活动

一、[我来写，你来说]

教师事先准备好三种颜色的卡片，卡片上分别写好相应的字词，每个学生发一张，要求学生去不同颜色的卡片中找朋友，最终每三个学生排列组合形成一个短语，如“慢慢地走”。

卡片设置如下：

卡片 1 组（五张红色卡片），分别写“美丽、认真、谁、慢慢、高兴”；

卡片 2 组（五张黄色卡片），分别写“地、地、地、的、的”；

卡片 3 组（五张蓝色卡片），分别写“说、走、练习、公园、书”。

二、[比比看]

两个学生一组，用教师给的卡片（卡片内容可以是图片，也可以是关键词）来说句子，看谁在一分钟内说得最多、最好。此类活动在初、中、高级学习阶段均可进行。如在中、高级阶段，卡片目标语句如下：

1. 她一遍一遍地听音乐。
2. 晚会后我们愉快地道别。
3. 医生顺利地做完了手术。
4. 小明满头大汗地跑回家。
5. 雨渐渐地小了。
6. 妈妈温柔地看了女儿一眼。

练习与测试

一、使用括号里的词语扩写句子。

1. 同学走进来（我们班、一个一个、地）

____

2. 同学们写汉字（认真、地）

____

3. 小红唱着歌（大声、地）

____

4. 孩子们玩儿着（高兴、地）

____

二、组句。

1. 小男孩儿　哭　地　难过　了

____

2. 孩子们　唱着　高兴　跳着　地

____

3. 快　了　考试　大家　努力　都　地　在　复习

____

三、用“状语（+地）+中心语”的格式完成句子。

1. 这次考试很重要，你要________。（认真、准备）

2. 孩子病了，妈妈________他。（细心、照顾）

3. 太累了，真想________一觉。（好好儿、睡）

4. 同学们________了。（高高兴兴、回家）

10 方位词"东、西、南、北、左、右、上、下、里、外"

语法意义及功能

表示位置的方位词常常与名词性词语结合，构成方位短语。

语法知识储备

一、单音节方位词"东、西、南、北、左、右、上、下、里、外"作为单纯方位词，可以单独使用，比如"往外走、东至长城、东靠大海、南来北往"。

二、方位词"东、西、南、北、左、右、上、下、里、外"常常和名词或方位词后缀组合使用，如"桌子上、楼下、屋里、东边、上面"。

三、如果要表示具体处所就必须用处所词；如果用非处所词表示位置，就必须在非处所词之后加上方位词，如不能说"桌子有杯子"，应该说"桌子上有杯子"。

教学核心思路

一、用图片（如地图）或动作展示进行导入。

二、方位词教学一定要给学生创设明确的语境，引导他们说出正确的句子，并在黑板上板书句子结构。需要特别注意的是：学生受母语的影响，把方位名词和名词组合在一起表示处所和位置时，常常颠倒词序，如把“教学楼后边”说成“后边的教学楼”；另外，学生有时会多用一些成分，比如在处所名词后加上“里”，说出“北京里”这样的错误短语。

三、注意：对于学生容易出现的偏误，应及时纠正，如提醒学生普通名词用作处所词语时后面要加方位词，例如“衣服上”。

偏误

一、[**错序**] 方位词做中心语时，误用在名词的前面。

* 老师的包在上面桌子。

二、[**遗漏**] 名词表示处所时，后面遗漏方位词。

* 在飞机我常常看书。

三、[**误加**] 在国家名、地名等词语后面误加“里”。

* 北京里有很多历史古迹。

课堂描述

方位词“东、西、南、北、左、右、上、下、里、外”一般不单用，而是和名词组合在一起，表示方向和位置。

导入

通过动作演示和实物道具导入。例如教师把自己的包放在桌子上，向学生提问。

师：老师的包在哪里？

生：老师的包在桌子上（面/边）。(教师板书)

师：桌子上（面/边）有什么呢？

生：桌子上（面/边）有老师的包。(教师板书)

师：(把包放在桌子下边) 老师的包在哪里？

生：老师的包在桌子下边/面。(教师板书)

"左、右"也可照此法导入。

教师从包里拿出两本书，向学生提问。

师：老师的包里（边/面）有什么？

生：老师的包里（边/面）有两本书。(教师板书)

肯定范例及结构

桌子上边
　　上面
　　东面
　　西边

房子里面
　　外面
　　北边
　　左边

[(名词+) 东/西/南/北/左/右/上/下/里/外+边/面]

操练

[看图说话]

扫描二维码
获取图片

教师给学生展示一张校园平面图，教师先提问并让学生一起回答，然后请学生两人一组，进行对话练习。例如：

师：学校里有图书馆吗？

生：有。

师：图书馆在哪里？

生：图书馆在学校的中间。

师：教学楼在哪里？

生：教学楼在图书馆的东边。

课堂活动

一、[猜猜看]

在教室里请一个学生用方位词描述另一个学生的位置，比如“他在……的……面/边”或者“他的……面/边是……”，然后请其他学生猜猜他说的是谁。

二、[找找看]

教师偷偷把自己的某一件东西，比如手表，藏起来，然后学生轮流向教师提问：“手表在……边/面吗？”

教师根据实际情况回答“是”或“不是”，先猜到手机在哪儿的学生获胜。

练习与测试

一、组句。

1. 银行 有 一家 东边 超市

____

2. 里面 作业本 在 书包

____

二、选择合适的位置。

1. A 食堂 B 在 C 宿舍 D。(西边)

2. 他的 A 桌子 B 放着 C 一本书 D。(上面)

三、完成对话。

1. A:你们学校有邮局吗?

B:有,________________________。(东边)

2. A:你的宿舍离图书馆近吗?

B:很近,________________________。(左边)

11 介词“在、从”

语法意义及功能

介词“在、从”用在名词、代词和名词性短语前，组成介宾短语，引出时间和处所。

语法知识储备

一、介词由动词虚化而来，属于虚词，有些介词至今仍兼有动词的词性，例如“在”。

二、介词“在、从”与其宾语构成的介宾短语主要用在谓语前面充当状语，也可以用在谓语后面做补语。

三、介词“在”和“从”的区别如下：

1. 介词“在”主要引出动作的时间和处所。引出时间时，常用结构为“在 + 时间 + 做什么”，此时“在”可省略，如“我希望（在）2022 年结婚”；引出处所时，后面的宾语必须是表示处所的词语，如果是一般的名词、代词，则要在后面加上指示代词“这儿”“那儿”构成处所词语，如“在老师那儿报名”。

2. 介词“从”可以引出动作开始的时间和地方。引出时间上的起点时，时间词语之后有时可以带“起”，如“从今年起”；引出处所上的起点时，宾语必须是处所词语，如“从学校”。

教学核心思路

一、温故知新，循序渐进，利用直观的教具让学生掌握介词“在、从”的作用。

二、由于介词“在、从”都是从动词虚化而来的，教师一方面可借助动词“在”引出介词“在”的用法，另一方面要注意帮助学生区分“在”作为动词和介词的不同用法。

三、在教学中需要特别注意“在/从+名词”做状语时可能产生的位置错误，应带领学生反复操练正确的句子。

偏误

一、[**错序**]“在”和引出的处所词位置有误。

*我学习在图书馆。

二、[**遗漏**]“从”引出地点和时间上的起点时，遗漏“到”。

*从你家学校远吗?

三、[**误用**]“从、离”互相误用。

*教室从宿舍很近。

课堂描述

介词“在”的后面是动作发生的地方和时间，介词“从”的后面是动作开始的地方和时间。

导入

教师先带领学生复习表示处所位置的动词“在”，然后再引出介词“在”。具体做法是教师先引导学生根据校园平面图说出图上建筑物的位置，然后再让学生说一说某一时间同学们可能在这一地点或建筑物里做什么。

师：图书馆在哪里？

生：图书馆在学校东面。

师：你常常什么时候去图书馆？在图书馆做什么？

生$_1$：我常常（在）下课后去图书馆，我在图书馆看书。

生$_2$：我常常下课后在图书馆和朋友一起学习。

教师利用校园平面图向学生们问路。

师：从图书馆到食堂怎么走？

生：从图书馆出来向左转直走。

肯定范例及结构

我在教室学习。

他在美国教中文。

[**在＋处所词语＋动词／动词短语**]

他在 2018 年去了美国。

他们希望在 2 月 14 日结婚。

[(在)+ **时间词语 + 动词 / 动词短语**]

我们从星期五开始放假。

他从家去学校。

[**从 + 时间词语 / 处所词语 + 动词短语**]

我们打算从北京去上海，再从上海去南京。

[**从 + 处所词语** $_1$ **+ 动词 + 处所词语** $_2$]

我们从星期一到星期五都有课。

[**从 + 时间词语** $_1$ **+ 到 + 时间词语** $_2$ **+ 动词短语**]

操练

一、[完成句子]

用“在 + 处所词语 + 动词短语”格式造句，介绍自己的一天。目标语句如：

我每天上午在……，中午……，下午……，晚上……

二、[完成句子]

看地图，用“从”完成句子。目标语句如：

我从北京去上海。

课堂活动

一、[你问我答]

两个学生一组，用“在”互相介绍或提问家庭成员每天的作息时间安排。例如：

1. 我妈妈早上 7 点在厨房做早餐。

2. 我爸爸晚上 7 点在客厅看电视。

3. 你晚上 8 点在家做什么？

二、[你问我答]

两个学生一组，用“从”互相提问对方一天的课程。例如：

1. 你从周一到周五有什么课？有多少节课？

2. 从上午到下午都有什么课？

三、[描述同学]

用“他 / 她 + 在 + 地方 + 做什么”描述一位同学的习惯。例如：

他常常下午在操场踢球，晚上在图书馆学习。

四、[时间安排]

让学生用“从 + 时间词语 $_1$ + 到 + 时间词语 $_2$ + 做什么”介绍自己的时间安排。例如：

1. 从早上 8 点到 12 点上课。

2. 从 1 点到 1 点半睡午觉。

练习与测试

一、组句。

1. 学习　大卫　图书馆　在

____

2. 我们　见面　南门　在

____

3. 上课　8点　从　12点　到　我们

____

二、根据课程表上的时间提问，如：

1. 从8点半到10点半是什么课？

2. 从下午2点到4点是什么课？

三、完成对话。

1. A：你从什么地方来？

B：______________________________。（从）

2. A：昨天晚上你在宿舍做什么了？

B：______________________________。（在）

四、小作文。

根据下面提示的信息，用“在”和“从”描述自己的一次活动。

集合时间：早上 8 点

集合地点：学校南门

目的地：颐和园

入口：颐和园东门

游玩时间：上午 9 点到 12 点

午餐地点：湖边

返回时间：下午 1 点

12 介词"对、向、给"

语法意义及功能

介词"对、向、给"可以引出动作对象或当事人。

语法知识储备

一、引出对象的介词有"对、向、给"等。

二、"对"引出动作的对象，意思是"朝、向"，如"对她笑了笑、对他说了一句话"。"对"作为动词时，有"对着"的意思，强调面对面，所以介词"对"也有相似的含义。有时"对"和"向"可以互换，但"对……说"这个搭配已经固化了。

三、"向"引出动作的对象，与指人的名词、代词组合，用在动词前，如"向老师借了一本书、向他学习、向人民负责"。"向"强调朝着某个方向，意思比较抽象。另外，"向"作为介词，还有引出方向、路径的用法，这也是最常见的用法。

四、"给"引出交付、传递的接受者，如"老师给每个同学发了一张白纸、妈妈给她寄了一个快递、给她打个电话"。"给"做动词时有"给予"的意思，所以介词"给"也有相似的含义。

教学核心思路

一、采用情境法、对比法进行讲练。

二、在故事情境中引入、辨别“对、向、给”三个介词“引出动作对象”这个义项，然后通过操练来巩固。

三、注意：教师可多设计一些练习，让学生辨别“对、向、给”的差异。

偏误

[**误用**] 介词“对、向、给”使用不当。

* 我给老师问。

* 我对他谢谢。

* 这件事对我有关系。

* 请你给她告诉。

课堂描述

“对、向、给”后面可以是动作的对象。

导入

教师用 PPT 展示一段故事，涉及知识点的部分空出。

师：同学们，请看这段话，从“对、向、给”里面选一个，填在括号里。

有一天，妈妈（　　）小红帽说：“外婆生病了，你去看看她吧。”小红帽说：“好。”妈妈（　　）外婆准备了很多礼物，小红帽带上这些礼物，（　　）妈妈挥挥手，就出发了。

师：大家都做完了吧？好，我请同学说一下。马力，这里写什么？

马力：对。

师：很好。（板书答案）莉娜，请读一下。（示意学生读开头两句话。）

莉娜：有一天，……

重复同样的过程，让学生说答案、读句子，直至完成整段话，然后教师进行讲解。

肯定范例及结构

妈妈对我说过。

她向妈妈挥挥手。

他给朋友打了一个电话。

[主语 + 对 / 向 / 给 + 动作对象 + 动词（+ 宾语）]

操练

一、选词填空。

A. 对　　B. 向　　C. 给

1. 小明学习非常努力，我们要________他学习。

2. 我________他发过很多短信，他都没回。

3. 他生气地________我说：“你为什么不早点儿告诉我？”

二、造句。

教师在 PPT 上给出图片提示，让学生用“对、向、给”造句。

课堂活动

[编故事]

每三个学生一组，编一个故事，要用上“对、向、给”。

练习与测试

一、组句。

1. 对　老师　同学们　说　一句　话　了

____

2. 年轻人　老人　给　让座

____

3. 朋友　我　挥手　地　向　不停

____

二、看图说句子。

扫描二维码获取图片

1. 她在给圣诞老人写信。

2. 妈妈向女儿挥手 / 女儿向妈妈挥手。

3. 他生气地对他们说：“我要走了。”

13 动态助词“过”

语法意义及功能

动态助词“过”用于表达或询问曾经有过的某种经历。

语法知识储备

一、动态助词“过”用在动词后，表示动作曾经在过去发生，但是没有持续到现在，强调过去的某种经历。

二、在使用动态助词“过”的句子中，“过”前的动作或状态与现在正在谈论的事情有关系，或对正在谈论的事情有影响。比如：

医生：你哪儿不舒服？

病人：我肚子疼。

医生：你吃过什么不干净的东西吗？

三、有两种动词不能与“过”一起用在肯定句中。第一种动词表示的动作在人或事物存在期间只有一次，不可能有第二次，比如“出生、死、毕业、出发、到达”；第二种是表示认知意义的动词，比如“认识、知道、了解、懂”。但是，在否定句和疑问句中，这两种动词可以与“过”一起使用，如：“他从来没到达过这种高度。”“你真正了解过我吗？”

四、“了”和“过”的区别在于“了”可以表示不久以前已经完成的事情，“过”主要表示较长时间以前的经历。比如：

1. 他昨天去上海了。（他现在在上海）

2. 他以前去过上海。（他以前去过上海，现在不在上海）

教学核心思路

一、利用学生们以前的真实经历引入、操练该语言点。

二、让学生们描述曾经的经历，如去过哪些地方、吃过什么有特色的食品、做过什么工作等，练习“过”的使用。

三、学生掌握“过”的基本用法后，教师应注意帮助学生区分强调经历的“过”和强调完成的“了”。

偏误

一、[**误用**]“过”和“了”混淆，常见的是在表经历时应该用“过”，却用了“了”。

* 我以前去了上海。

二、[**误加**] 在有“经常”“常常”“总是”等时间频率副词的句子中误加了“过”。

* 我常常看过中国电影。

三、[**误用**] 否定时“没”和“不”混淆。“过”的否定应该用“没”，却误用为“不”。

* 我不去过中国。

四、[**错序**] 人称代词的位置出现偏误，用“过”的句子中人称代词的位置应为“动词＋过＋人称代词”。

* 昨天我去找你过两次。

课堂描述

“过”放在动词的后面，介绍以前的经历。

导入

教师知道学生吃过烤鸭，课上展示烤鸭图片，直接提问，练习肯定句。

扫描二维码
获取图片

师：这是什么？

生：烤鸭。

师：你们吃过烤鸭吗？

生：吃过。

师：你吃过烤鸭吗？

生$_1$：我吃过烤鸭。

师：大家呢？

生$_2$：我吃过烤鸭。

生$_3$：我也吃过烤鸭。

肯定句学生说得较为熟练后引入疑问句和否定句。

师：（展示某个国家的典型照片，比如日本的富士山）这是哪儿？

生：日本。

师：用“过”怎么问？

生：你们去过日本吗？

师：好，爱子，你问问大家。

爱子：你们去过日本吗？

生$_4$：（摇头）没有。

师：没（有）去过日本。

肯定范例及结构

我吃过烤鸭。
[主语＋动词＋过（＋宾语）]

我学过半年汉语。
[主语＋动词＋过＋时量补语＋宾语]

我吃过两次烤鸭。
[主语＋动词＋过＋动量补语＋宾语]

我找过他两次。
[主语＋动词＋过＋宾语＋动量补语]

我去过两次长城。
[主语＋动词＋过＋动量补语＋宾语（处所）]

我去过长城两次。
[主语＋动词＋过＋宾语（处所）＋动量补语]

否定范例及结构

我没去过颐和园。

[主语 + 没（有）+ 动词 + 过（+ 宾语）]

疑问范例及结构

你吃过烤鸭吗？

你吃过烤鸭没有？

[主语 + 动词 + 过（+ 宾语）+ 吗 / 没有]

你去没去过长城？

[主语 + 动词 + 没 + 动词 + 过（+ 宾语）]

操练

一、[小组对话]

小组内相互询问有关中国的内容，描述与中国有关的经历。尽量多地使用“过”，如：

1. 你去过中国没有？如果去过，去过哪些地方？
2. 你听说过中国的哪些有名的地方？
3. 你吃过哪些中国菜？哪些菜没吃过，但是很想吃？
4. 你看过哪些中国电影？

二、[小组对话]

小组内相互询问与学习汉语有关的经历，尽量多地使用“过”，如：

1. 你以前学过多长时间的汉语？

2. 你在哪儿学过汉语？

3. 你用过哪些书？

课堂活动

一、[介绍经历]

两人一组，用“过”描述自己的经历，如去过哪些国家、学过什么语言等。鼓励互问互答。

二、[面试]

四人一组，模拟面试。面试中使用“过”询问、回答与职业有关的经历。如学生 A 希望以后在北京当导游，可以问他 / 她“你以前去过北京的哪些地方、你当过导游吗”等。

练习与测试

一、组句。

1. 你　长城　去　没有　过

____

2. 我　吃　烤鸭　过　两次

____

二、选词填空。

A. 了　　B. 过

1. 王老师去日本________，明天回来。

2. 我还没去________上海，真想去看看。

3. 我昨天去看________一部中国电影，你看________中国电影吗？

4. 老师，请问这个字怎么读？我没学________。

三、完成对话。

1. A：你吃过烤鸭吗？你吃过哪些中国菜？

B：________________________________（过）

2. A：你去过中国吗？你去过哪些地方？

B：________________________________（过）

14 动态助词“着”

语法意义及功能

动态助词“着”表示动作、状态的持续或动作正在进行。

语法知识储备

一、“着”表示动作正在进行，常常和“正”“呢”一起用，如“外面正下着大雨呢，你别出去了”。

二、“着”用在形容词、动词后，表示状态的持续，如“她的脸一直红着、新娘穿着漂亮的婚纱”。

三、“着”用在两个动词之间，表示第一个动作是第二个动作的方式或手段，如“老师总是站着讲课、他听着音乐跑步”。

四、连用两个带“着”的动词，后面接用其他动词时，表示一个动作正在进行的时候，另一个动作又发生了。如“孩子听着听着就睡着了、她说着说着就哭了起来”。

教学核心思路

一、结合实际情境或利用图片创设情境，采用问答等方法进行讲练。

二、在引入时就要强调“着”主要是表达动作或状态的持续，比如可以使用“从……到……一直……”让学生体会“持续”的意思。

另外，“着”的教学建议分层展开，顺序为：表示状态持续的“着”（“灯开着”）——表示动作正在进行的“着”（“我正上着课呢”）——表示伴随的“着”（“他听着音乐跑步”）。

三、注意：每个层次讲完，最好操练后再进入下一层次。

偏误

一、[**遗漏**] 表示状态或动作的持续时，遗漏形容词或动词后的“着”。

* 老人紧紧握我的手说：“谢谢你，谢谢你。”

二、[**误加**] 在表示习惯性动作或经常性动作的动词后面误加“着”。

* 我住着在 17 号楼。

课堂描述

“着”用在动词的后面，表示动作正在进行或者状态一直是这样。

导入

一、[导入表示状态持续的“着”]

师：门开还是关？（教师指着教室的门问，并辅以开和关的动作）

生：关。

师：门从上课到现在一直关，所以我们可以说：“门关着。”

（一边说，一边板书）

师：老师今天穿裙子了，我从早上到现在一直穿，可以怎么说？老师穿……

生：老师穿着裙子。

师：对，老师穿着裙子。（板书）

这里可以操练一下，教师可以利用教室里的场景，要求学生用“动词+着(+宾语)”回答，如教师指着灯，提示说“灯”，学生则回答：“灯开着。”

二、[导入表示动作正在进行的“着”]

师：你的朋友给你发微信，问：“在干什么呢？”你怎么回答？

生：上课，正在上课。

师：对，你也可以说：“我正上着课呢。”“着”可以和“正……呢”一起用，表示正在做什么。（板书“我正上着课呢。”）

这里可以操练一下，教师问：“A正在干什么呢？”要求学生用“正+动词+着+呢”回答。

三、[导入表示伴随的“着”]

扫描二维码获取图片

师：你们上课的时候，是怎么上的？站着还是坐着？

生：坐着。

师：你们上课，是坐着的，可以说：“我们坐着上课。”

师：老师怎么上课？站着还是坐着？

生：站着。

师：那可以怎么说？

生：老师站着上课。

师：好，老师和学生都“上课”，但大家都知道两个“上课”的意思不一样。（板书“老师站着上课，学生坐着上课。”）

师：这样的句子里有两个动词，“着”放在第一个动词的后面。这两个动作是一起发生的，第一个动作说明第二个动作进行的方式。

教师展示图片，再给 1 ～ 2 个例句，如：“她听着音乐看书。”“他们喝着啤酒看比赛。”

肯定范例及结构

老师站着，学生们坐着。

她穿着红毛衣，戴着一条项链。

[主语 + 动词 + 着（+ 宾语）]

老师笑着说：“你真棒！”

小王听着音乐看书。

[主语 + 动词$_1$ + 着（+ 宾语$_1$）+ 动词$_2$（+ 宾语$_2$）]

否定范例及结构

老师没站着。

[主语 + 没（有）+ 动词 + 着]

她没穿红毛衣，没戴项链。

[主语 + 没（有）+ 动词（+ 宾语）]

小王没听着音乐跑步。

[主语 + 没（有）+ 动词$_1$ + 着（+ 宾语$_1$）+ 动词$_2$（+ 宾语$_2$）]

疑问范例及结构

老师站着吗？

她穿着红毛衣吗？

[主语 + 动词 + 着（+ 宾语）+ 吗]

小王听着音乐跑步吗？

[主语 + 动词$_1$ + 着（+ 宾语$_1$）+ 动词$_2$（+ 宾语$_2$）+ 吗]

操练

一、[情境提问]

教师根据学生的实际情况提问。

1. 他穿着什么？戴着什么？拿着什么？

2. 她呢？

……

二、[替换练习]

用 PPT 展示替换成分，让学生根据给定的结构说出句子，例如：

1. 他们正上着课呢。

2. 他们正聊着天儿呢。

3. 他们正开着会呢。

三、[看图说句子]

扫描二维码获取图片

教师提前在 PPT 上准备好相应的图片，目标语句如：

1. 他听着音乐看书。

2. 她笑着挥手。

3. 小女孩儿走着去学校。

课堂活动

一、[猜猜他 / 她是谁]

一个学生用"他 / 她穿着……，戴着……，拿着……"句式描述教室里老师或同学的穿戴，别的学生根据描述猜出这个人是谁。

二、[你说我接]

师生之间或学生之间利用教室或所给图片里的场景配合操练，一个人说主语，另一个人说含"着"的句子。

练习与测试

一、选词填空。

A. 着　　B. 了　　C. 过

1. 电脑还开______呢。

2. 服务员笑______说："欢迎光临！"

3. 我没去______上海。

4. 他今天开______两个小时会。

二、组句。

1. 我　复习　呢　正　忙着

____

2. 穿　红色的　新娘　旗袍　着

____

15 结构助词“得”

语法意义及功能

结构助词“得”主要用在补语和中心语之间，起连接作用，表示可能、程度、状态等，是补语的标记。

语法知识储备

一、结构助词“得”一般放在中心语后面、补语前面，基本结构为“中心语＋得＋补语”，这里的中心语一般都是动词或形容词，补语用来补充说明动作或行为的状态，一般也由动词或形容词充当。其功能主要有三种：

1. 表示程度，如“累得很、急得不得了”；

2. 表示状态，如“踢得很好”；

3. 表示可能，如“写得出”。

二、补语的种类比较多，中心语和补语之间可以有结构助词“得”，也可以没有。部分程度补语、可能补语的肯定形式及状态补语等要用“得”。关于“得”和各类补语之间的隐现，详见相关语言点。

教学核心思路

一、以旧带新，分阶段教学，循序渐进地进行操练。

二、教师可采取分阶段处理的办法降低难度。例如，在初级阶段只教给学生基本的用法，比如“动词 / 形容词 + 得 + 怎么样”，对于使用频率不高或相对比较难掌握的格式，教师可以采取分散教学的方式，见一个教一个。在帮助学生逐步掌握“得”的使用规则之后，应立即进行强化练习，让学生明确结构助词“得”在结果补语、可能补语或状态补语中的作用及功能，深入领会补语的语法标记以及虚词在汉语语法中的作用。

三、注意：动词和哪类补语之间必须用结构助词“得”、动词和哪类补语之间没有“得”也是教学的难点之一，要帮助学生稍做归纳。

偏误

一、[**误加**] 不该用“得”的地方误加。

* 老师忙得极了。

* 考试的时候，我紧张得极了。

* 摔得伤了

二、[**遗漏**] 该用“得”的地方遗漏。

* 老师每天早上都来很早。

* 他写字写很快。

* 她高兴跳了起来。

三、[**误用**]“的、地、得”误用。

* 孩子们玩儿地很开心。

* 你的照片照的很好。

* 快考试了，我要好好得复习。

课堂描述

结构助词“得”一般放在动词后面，是补语的标记。

导入

教师提前准备好图片，上课时一边展示一边提问，引导学生回答问题。

师：这些同学怎么了？

生：他们跳了起来。

师：他们为什么跳起来？

生：他们很开心，因为他们比赛得了第一名。

师：那我们可以这样说：“他们高兴得跳了起来。”（板书例句，并要求学生复述）

肯定范例及结构

开得快极了

今天比昨天热得多。

[动词 / 形容词 + 得 + 程度补语]

跑得满头大汗

高兴得跳了起来

[动词 / 形容词 + 得 + 情态补语]

听得清楚

看得见

[**动词 + 得 + 可能补语**]

否定范例及结构

写得不好

睡得不晚

玩儿得不开心

[**动词 + 得 + 不 + 形容词 / 动词**]

操练

[模仿造句]

用下面的动词和形容词完成句子。（一个词可多次使用）

动词：写、听、做、用、睡觉、打扫、说、照

形容词：认真、慢、晚、好、不好、棒、干净、漂亮、流利

如：他睡觉睡得很晚。

1. 他的汉字______！
2. 英语他______，但汉语他______。
3. 汉语老师怕我们听不懂，所以______。
4. 我觉得这张照片______。
5. 他讲的故事挺有意思，孩子们______。

课堂活动

一、[找朋友]

教师事先准备好两种颜色的卡片，卡片上分别写好相应的字词，发给两组学生，学生排列两种卡片上的内容，一起说句子。卡片上的字词举例如：

卡片1组：听、说、读、写、睡、跑、跳；

卡片2组：很流利、很漂亮、很快、很高、很高兴、很晚、很干净。

二、[比比看]

两个学生一组，用教师给的卡片说句子，看谁在一分钟内说得最多、最好。卡片上可以是图片，也可以是关键词语。

卡片目标语句如：

1. 这辆车开得快极了。

2. 我唱歌唱得很好。

3. 他高兴得跳了起来。

4. 她累得走不动了。

5. 这间屋子比那间大得多。

练习与测试

一、选词填空。

A. 的　　B. 地　　C. 得

1. 春节是中国最重要_______传统节日。

2. 你最近学习学_______怎么样?

3. 今天的房间他打扫＿＿＿＿＿真干净！

4. 暑假我想好好儿＿＿＿＿＿休息休息。

二、选词填空。

A. 的　　B. 地　　C. 得

1. 美丽＿＿＿＿＿西湖

2. 高兴＿＿＿＿＿说

3. 蓝蓝＿＿＿＿＿天空

4. 温暖＿＿＿＿＿气候

5. 慢慢＿＿＿＿＿读

6. 做＿＿＿＿＿很好

三、根据下面的提示，用“动词 / 形容词 + 得 + 补语”造句。

例：李玲　写字漂亮

李玲写字写得很漂亮 / 李玲字写得很漂亮。

1. 马修　走路快

＿＿＿＿＿＿＿＿＿＿＿＿＿＿＿＿＿＿＿＿

2. 王老师　讲课好

＿＿＿＿＿＿＿＿＿＿＿＿＿＿＿＿＿＿＿＿

3. 妈妈　做菜好吃

＿＿＿＿＿＿＿＿＿＿＿＿＿＿＿＿＿＿＿＿

四、组句。

1. 特别　每天　都　孩子们　睡　得　早

____

2. 不　玛丽　得　好　唱

____

3. 很　马克　汉语　说　流利　得

____

4. 每天　睡觉　睡　得　很　爸爸　晚

____

5. 好　大卫　游泳　不　游　得

____

16 副词“就、才”

语法意义及功能

“就”和“才”都是时间副词。“就”一般表示比正常情况或预期的要早，所用时间短；“才”一般表示比正常情况或预期的要晚，所用时间长。

语法知识储备

一、“就”和“才”都是时间副词，用在动词前做状语。

二、“就”一般表示某一动作或情况发生的时间早，所用的时间短，容易实现；“才”表示某一动作或情况发生的时间晚，所用的时间长，不容易实现。

三、包含副词“就”的句子结尾经常有“了”，而“才”没有。

教学核心思路

一、结合学生生活实际，以问答式导入，遵循精讲多练、训练加体验等原则。

二、“就”和“才”是学生常常混淆的一对时间副词，教学时要注意比较，让学生了解“就”和“才”表达的语法意义。什么时候用“就”，什么时候用“才”，可以通过学生实际生活中的例子进行大量操练。最后可通过情境接龙游戏增加课堂趣味性。

三、注意：数量多少、时间早晚的判断是有主观性的。

偏误

[**误用**]“就”和“才”的误用。

* 8点上课，我7点才来了。

* 我花半个小时做完了作业，他花3个小时就做完作业。

课堂描述

“就”表示动作发生的时间早、用的时间短。“才”表示动作发生的时间晚、用的时间长。

导入

教师提问几个学生，引出语言点“就”和“才”。

师：你昨天晚上几点睡觉的？

生$_1$：我昨天10点睡觉的。

生$_2$：我昨天晚上3点睡觉的。

师：我们可以说……

生$_1$：我昨天晚上10点就睡觉了。

生$_2$：我昨天晚上3点才睡觉。

师：周末的时候你几点起床？

生$_1$：我早上7点起床。

生$_2$：我中午12点起床。

师：我们用“就”和“才”可以怎么说？

全班同学：A（生$_1$姓名）周末的时候，早上7点就起床了。

全班同学：B（生$_2$姓名）周末的时候，中午12点才起床。

教师总结：“就”表示早，“才”表示晚。

肯定范例及结构

他听一遍就懂了。

[**主语＋动词＋数量短语＋就＋动词＋了**]

他周末7点就起床了。

[**主语＋时间词语＋就＋动词＋了**]

他周末12点才起床。

[**主语＋时间词语＋才＋动词**]

疑问范例及结构

他周末7点就起床了吗？

[**主语＋时间词语＋就＋动词＋了＋吗**]

他周末12点才起床吗？

[**主语＋时间词语＋才＋动词＋吗**]

操练

一、[情境练习]

1. 昨天晚上 9 点，玛丽______。昨天夜里 2 点，大卫______。（睡觉）

2. 今天早上 5 点，玛丽______。现在已经 11 点了，大卫__________。（起床）

二、[填空]

1. 昨晚我 8 点__________睡觉了。（板书：早、句尾要用“了”）

2. 今天堵车，我 9 点__________到学校。（板书：晚、句尾不用“了”）

课堂活动

[情境接龙，猜猜看]

教师设计真实交际情境并提问，学生用“就”和“才”回答。

1. 他今天早上迟到了，____________________________。

2. 昨天晚上玛丽去看电影了，______________________。

3. 这道题太容易了，______________________________。

4. 这道题很难，__________________________________。

5. 今天早上堵车，________________________________。

练习与测试

用“就”“才”填空。

1. 他昨天 11 点__________回家。

2. 他晚上 10 点__________吃饭。

3. 他感冒了，吃了好多药__________好。

4. 我听力不好，别人听一遍______懂了，我听了三遍______听懂。

5. 昨天晚上我有些累，8 点__________睡觉了。

17 副词“又、再”

语法意义及功能

副词“又”和“再”都表示动作的重复、继续。

语法知识储备

一、“又”和“再”都是副词，“又”一般表示“已然”，“再”一般表示“未然”，二者不能相互替换。

二、《国际中文教育中文水平等级标准》将“再”和“又”列为频率、重复副词。

教学核心思路

一、结合学生生活实际，以问答式导入，遵循训练加体验的原则。

二、“又”和“再”是近义词。教近义词时，可以根据学生的实际情况给出例句；再让学生根据实际情况，用“又”和“再”说句子；最后进行快速抢答，强化学生对“又”和“再”的掌握。

三、教学中最重要的是给出两个词出现的条件，不能大讲特讲语法，教师应多给出生活中的实例。

偏误

[**误用**]“又”和“再”的误用。

*你太累了，先休息一下吧，过一会儿又做。

*大山再来找你了。

课堂描述

“又”和“再”都表示重复。“又”一般用于已经发生或正在进行的行为动作，“再”一般用于将要出现的行为动作。

导入

[教师根据实际情况导入]

师：老师刚才让你们读了一遍课文，老师希望大家多练习发音，还想让你们读一遍课文。用“再”应该怎么说呢？

生：老师让我们再读一遍课文。

师：“读”的动作发生没有？

生：没有发生。

师：马克昨天来上课了，今天他来上课了吗？

生：来了。

师：如果用“又”应该怎么说呢？

生：马克今天又来上课了。

师：“来”这个动作发生没有？

生：发生了。

教师总结：“再”表示还没发生，“又”表示已经发生。

肯定范例及结构

很高兴我又见到您了。

[主语 + 又 + 动词短语]

我再说一遍。

[主语 + 再 + 动词短语]

否定范例及结构

马克又没来上课。

[主语 + 又 + 没（有）+ 动词短语]

操练

[情境操练]

师：你昨天见到老师了，今天也见到老师了，用“又”或“再”怎么说？

生：我又见到了老师 / 我又见到老师了。

师：玛丽唱歌很好听，我们还想听，用“又”或“再”怎么对玛丽说？

生：你再唱一次吧 / 你再唱一遍吧 / 你再唱一首吧。

课堂活动

[快速抢答]

1. 昨天你给妈妈打了电话，今天给妈妈打了电话。用“又”或“再”怎么说？

2. 昨天天气很热，今天天气也很热。用“又”或“再”怎么说？

3. 大山吃了一个冰激凌，他还想吃。用“又”或“再”怎么说？

4. 你去餐馆吃饭，发现少要了一碗米饭。用“又”或“再”怎么跟服务员说？

练习与测试

用“又”“再”填空。

1. 这个人昨天________来了。

2. 这篇课文很重要，请________读一遍。

3. 今天我们吃饺子，下次________吃牛肉吧！

4. 去年我去过一次北京，今年还想________去一次。

5. 他没有听懂，我只好________说了一次。

6. 我的作业找不到了，只好________做了一次。

18 动词重叠

语法意义及功能

动词重叠表示动作持续的时间短、次数少，或者尝试进行一个动作，含有轻松、随意或尝试的意义。

语法知识储备

一、动词重叠主要表达短时、少量、轻微、轻松、尝试的意思，多用于口语。

二、动词重叠的形式有很多种：

1. 单音节动词的重叠形式为 AA、A 一 A，如“看看”“看一看”；

2. 双音节动词的重叠形式为 ABAB，如“休息休息”；

3. 离合动词的重叠形式为 AAB，如“见见面”；

若表达已经发生的情况，“了”要放在重叠的动词中间，即 A 了 A、AB 了 AB、A 了 AB，如“尝了尝”“考虑了考虑”“游了游泳”。

三、动词重叠后的语法功能与原动词不同，例如：

1. 由于动词重叠表达的是模糊的短时意义，所以其后不能再接动态助词“着、了、过”，也不能与表示正在进行的动词和表示伴随的动词连用；

2. 动词重叠后已表时间，其后不能再带时量补语，如不能说“看（了）看一个小时”；

3. 动词重叠后不能再充当定语修饰名词。

四、能重叠的动词多为动作性比较强、能表示重复或持续的动词，如“试、等、看”等；非自主动词不能重叠，如“死、懂、忘记”等；短暂动词不能重叠，如“结婚、成立”等。

教学核心思路

一、利用实际语境和情境帮助学生准确地使用动词重叠。

二、帮助学生了解重叠动词表示的短时意义，以及在此基础上衍生出的表达尝试、缓和、轻松、随意的语气的功能。在具体教学中，教师应该先指导学生根据图片等提供的语境，准确运用动词重叠，构成得体、完整的句子，然后再引导学生归纳其功能，从而体会动词重叠特殊的语用功能（表轻松、随意）。

三、注意：动词重叠后所表达的意义和语法功能均与原动词不同。

偏误

一、[**误加**] 动词重叠后误加补语。

* 让我用用一下你的词典，行吗？

* 考完试我要好好儿休息休息几天。

二、[**误用**] 动词重叠后误带不定宾语。

* 我想试试一件衣服。

* 我看看三本书。

* 我看一看三本书。

* 我看了看三本书。

三、[**误加**] 动词重叠误与“曾经、已经、正在、一直”等表示动作状态的时间副词搭配。

* 老师进来的时候，我们正在讨论讨论这个问题。

* 他已经看了看这本书。

四、[**误用**] 离合动词重叠形式有误。

* 他每天散步散步。

* 一到晚上 10 点他就想睡觉睡觉。

课堂描述

动词重叠表示动作时间短、次数少，有轻松、随便或尝试的意思。

导入

教师提前准备一种学生可能没有吃过的食品，如糖葫芦，带到教室。上课时直接提问，请学生回答，并将动词重叠写在黑板上。

师：请你们先闻闻它有什么气味。

师：请大家看看它是软的还是硬的。

师：请大家尝尝它是什么味道的。

肯定范例及结构

单音节动词：

你尝尝这个。

[AA]

你尝一尝这个。

[A + 一 + A]

我尝了尝，不好吃。

[A + 了 + A]

双音节动词：

你休息休息。

[ABAB]

快考试了，昨天我复习了复习。

[AB+ 了 +AB]

离合动词：

请你帮帮忙。

[AAB]

操练

[交际练习]

教师根据学生的水平灵活给出参考词语，如“买东西、逛市场、看小说、试衣服、看电视、听音乐、睡觉、聊天儿”等，与学生进行问答。如：

师：上个周末你做什么了？

生$_1$：上个周末我看了看电视，买了买东西。

生$_2$：上个周末我看了看电影，听了听音乐。

课堂活动

一、[推荐产品]

向同学推销东西，试着多使用动词重叠式，如“你可以试试这件衣服”“你可以看看这本书多漂亮”等，看谁推销出去的东西最多。

二、[周末计划]

几人一组，各组成员分别用动词重叠式介绍自己周末喜欢做的事情，如“周末我喜欢听听音乐，逛逛街”；然后一起设计一个周末活动计划，并向全班汇报，看哪组设计得最好。

练习与测试

一、看图回答问题。

扫描二维码获取图片

第一组图片：

师：明天他们打算做什么？

生：明天他们打算唱唱歌 / 看看电视 / 散散步 / 睡睡觉 / 听听音乐 / 购购物 / 打打球。

第二组图片：

师：昨天他做了什么？

生：昨天他看了看书 / 弹了弹琴。

第三组图片：

师：爷爷经常做什么？

生：爷爷经常散散步 / 打打太极拳 / 下下棋。

二、用动词重叠式完成对话。

1. A：这件衣服你要试一下吗？

B：好的，____________________。（试）

2. A：这本书你看了吗？觉得怎么样？

B：__________________________。（看）

3. A：蛋糕你吃了吗？味道怎么样？

B：__________________________。（尝）

19 形容词重叠

语法意义及功能

形容词重叠表示程度的加深，同时表达一种喜爱、亲切的感情，具有较强的描写性。

语法知识储备

一、形容词重叠后通常可以充当谓语、定语、状语、补语四种句子成分。

1. 形容词重叠式做谓语、定语和补语时，后面一般要加“的”，如“眼睛大大的”“大大的眼睛”“洗得干干净净的”；

2. 形容词重叠式做状语时，后面一般要加“地”，如“仔仔细细地找”。

二、形容词重叠常见形式有以下几种：

1. 单音节形容词的重叠形式为 AA，如“高高”；

2. 双音节形容词的重叠形式为 AABB，如“开开心心”；

3. 双音节状态形容词的重叠形式为 ABAB，如“笔直笔直”。

三、需要注意的是：

1. 形容词重叠除了表示程度加深，还表示对事物喜爱、亲切的感情，因此重叠后前面不能再加程度副词；

2. 形容词重叠形式不能用“不”“没”进行修饰，不能用在比较句中；

3. 并非每个形容词都可以重叠，大量书面色彩较浓的形容词都不可以重叠，如“美丽”“伟大”“崇高”等。

教学核心思路

一、运用情境举例法、对比法让学生理解形容词重叠的特殊功用。

二、在教学过程中，首先要帮助学生了解单、双音节形容词的重叠形式不同；其次要让学生掌握形容词重叠形式做谓语、定语、状语、补语的不同用法；最后进行对比，让学生体会形容词重叠的特殊功用(表喜爱、亲切)。

三、提醒学生注意双音节形容词重叠的泛化问题。

偏误

一、[**误加**] 形容词重叠形式的前后误加程度副词。

* 她把我的房间打扫得干干净净极了。

* 她穿得很干干净净。

二、[**遗漏**] 形容词重叠形式做定语或单独做谓语时，后边遗漏“的”。

* 他有一双大大眼睛。

* 这是一个干干净净房间。

* 他的脸红红，黑黑头发。

* 他们都高高兴兴。

三、[**误加**] 形容词重叠形式前误加否定词。

* 他的眼睛不大大的。

四、[**误用**] 形容词重叠形式误用在比较句中。

*哥哥比弟弟高高的。

课堂描述

形容词重叠表示程度加深，有时表达喜爱、亲切的感情。

导入

教师准备两大杯果汁，分别倒入小纸杯内，让学生闭上眼睛尝一尝，猜猜是什么，并说明原因。

师：今天老师特别高兴，请大家喝饮料，大家不能看。

师：好，喝完了。请你告诉大家你觉得刚才喝的是什么，你怎么知道的？

生$_1$：这杯是苹果汁，因为很甜，很好喝。那杯是柠檬汁，因为很酸。

师：那我们可以这么说："苹果汁甜甜的，柠檬汁酸酸的。"还可以说："这是一杯甜甜的饮料，那是一杯酸酸的饮料。"

教师板书例句，并总结出形容词重叠式的不同用法。

肯定范例及结构

做谓语：

饮料甜甜的，很好喝。

大家都高高兴兴的。

她的手冰凉冰凉的。

[**主语** + AA / AABB / ABAB + **的**]

做定语：

我刚才喝了甜甜的饮料。

干干净净的房间

火红火红的太阳

[AA / AABB / ABAB + **的** + **名词**]

做状语：

他慢慢地写。

大卫在认认真真地学习。

[AA / AABB + **地** + **动词**]

做补语：

饭吃得光光的。

饮料喝得干干净净的。

这条线画得笔直笔直的。

[**动词** + **得** + AA / AABB / ABAB + **的**]

操练

一、[看图描述人物]

给出几位女孩儿的图片，引导学生用形容词重叠式描述，如头发长长的、个子高高的、身材瘦瘦的。

扫描二维码获取图片

二、[看图说物]

扫描二维码
获取图片

给出几组具有对比性的同类事物图片，引导学生用形容词重叠式描述，例如：

师：她们穿着什么样的裙子？

生：姐姐穿着长长的裙子，妹妹穿着短裙子。

三、[情境问答]

教师直接提问，引导学生用形容词重叠式回答。例如："这个字很大，你们看得清楚吧？""我每次洗衣服都洗得干干净净的。你们呢？""我每天晚上都睡得香香的，你们呢？"

四、[情境问答]

扫描二维码
获取图片

教师用图片提问，引导学生用形容词重叠式回答，如："他们在干什么？""他们……的时候高兴吗？""你们常常高高兴兴地做什么事？""你们常常安安静静地做什么事？""你们常常急急忙忙地做什么事？"

课堂活动

一、[我说你猜]

学生轮流用形容词重叠式描述一种动物，说一说这种动物的头、眼睛、尾巴、嘴等身体部位是什么样的，然后让大家猜猜是什么动物。

二、[我说你画]

教师根据学生的汉语水平准备若干图片。学生三人一组，每组选一个人抽取一张图片，并用形容词重叠式描述图片中的人或物，第二个人根据描述画出来，第三个人负责对比两张图，用形容词重叠式重新描述一遍，并说明两张图是否一致。教师评选出最默契的小组，给予奖励。

练习与测试

一、看图说话。

扫描二维码获取图片

用形容词重叠式描述不同的图片，如：

1. 小宝宝胖胖的。

2. 小猫眼睛大大的，毛白白的，尾巴长长的。

3. 他戴着大大的眼镜。

二、用形容词重叠式完成下列句子。

1. 暑假我去成都了。成都非常漂亮。那儿有 ____ 山、____ 河，那儿的天空 _____。（高、长、蓝）

2. 这本书对你很有帮助，你应该 ____ 看一遍。（认真）

3. 她这次 ____ 通过了考试。（顺利）

20 量词重叠

语法意义及功能

量词重叠强调某个范围内的每个成员都具有某种特征，并无例外。

语法知识储备

一、汉语量词丰富，几乎每个名词都有特定的量词，数词和名词之间也要加量词。在学习量词重叠之前，学习者应该已经学过量词短语。

二、汉语中很多量词都可以重叠，重叠形式均为AA，在句中可以做主语、状语、定语等，后面常常用“都”与之搭配使用。

三、量词重叠用在不同的句法位置上时，表达的语法意义不同。

1. 量词重叠做主语或状语时，表示“每一、逐一”的意思或强调数量多，如“件件、个个”等。

2. 量词重叠做定语或谓语时，一般表示“多”，如“朵朵荷花、雷声阵阵”等。

3. 数量短语重叠做状语时，表示“一次接一次”，如“考试以前，我一遍一遍地读课文”，突出动作发生的方式。

教学核心思路

一、采用图片法、对比法等引导学生了解量词重叠的功能主要为描写事物或动作的状态和方式。

二、在具体教学中，首先让学生了解量词的重叠形式；其次，帮助学生掌握量词重叠所表现出的不同的语法意义，以及该语法意义对应何种句法形式。

三、注意：汉语中量词的数量很多，尽量不要集中讲解和操练，要结合名词来学习量词，帮助学生逐渐掌握量词和名词的搭配。

偏误

一、［**误用**］量词重叠误做宾语。

*这些问题我回答对了个个。

二、［**误用**］叙述某一个整体事件而不强调个体特征时，误用量词重叠。

*大家个个都来了。

课堂描述

量词重叠表示“每一”“多”或“一个接一个”。

导入

扫描二维码获取图片

教师展示很多条路通向同一个地点的图片，让学生描述图片内容，并总结出“条条大路通罗马”这句俗语。

师：大家看，这是哪里？

生：罗马。

师：这条路（路1）可以到吗？

生：可以。

师：这条路（路2）可以到吗？

生：也可以。

师：还有哪条路可以到？

生：这些路都可以。

师：那我们可以说“条条大路通罗马”。

肯定范例及结构

做定语：

张张照片都很漂亮。

[AA + **名词** + **都** + **形容词短语**]

做状语：

他次次都考第一名。

[**主语** + AA + **都** + **动词短语**]

做主语：

（这些照片）张张都很漂亮。

（这些孩子）个个都喜欢看电影。

[AA + **都** + **形容词短语** / **动词短语**]

操练

[教师给情境，让学生说句子]

教师提前准备好照片，比如很多张好看的风景照、学生的合照（照片中学生个个都很高兴）、有很多漂亮衣服的照片、每家都挂灯笼的照片等，引导学生说句子。

师：这些照片漂亮吗？

生：这些照片张张都很漂亮。

师：每个同学都很高兴吗？

生：个个都很高兴。

师：衣服都好看吗？

生：件件都很好看。

师：春节的时候，每家都挂灯笼吗？

生：对，家家都挂灯笼。

课堂活动

[快速抢答]

学生分为两组，快速抢答老师的问题，答对的小组加一分，分数多的小组获胜。题目可设置如下：

1. 花园里种了很多花，________都好看。

2. 学生们________都在跑步。

3. 这些信________都是妈妈寄来的。

练习与测试

一、根据提示，用量词重叠式完成句子。

1. 约会的时候，你 ______ 都迟到。（次）

2. 我 ______ 春节都回老家。（年）

3. 春节到了，______ 的门上都挂着灯笼。（家）

二、完成对话。

1. A：你觉得这些歌好听吗？

   B：______________________（首）

2. A：你觉得这些衣服好看吗？

   B：______________________（件）

3. A：你每次都来这家餐厅吃饭吗？

   B：______________________（次）

4. A：这些工艺品是手工做的吗？

   B：是，__________都__________。（件）

21 离合词

语法意义及功能

离合词是中间可以插入其他成分的特殊结构，合起来的时候像词，分开的时候像短语。离合词的内部结构一般为动宾式，后面一般不能直接带宾语。

语法知识储备

一、离合词是现代汉语中比较特殊的一类词，有动宾式和动补式两类。这里讲解的离合词为动宾式离合词，常见的有“见面、结婚、起床、睡觉、聊天儿、唱歌、考试、放假、跳舞、上网、游泳、打针、看病、发烧”等，不包含动补式。

二、离合词一般是双音节的，多为动宾式，中间可以插入其他成分，即“动 + 时量补语 / 动量补语 / 其他形式 + 宾”，如“睡了一个小时觉”。

三、动宾式离合词后面一般不能再带宾语，重叠式是 AAB。

教学核心思路

一、结合学生容易出现的偏误，通过问答形式导入，讲练结合。

二、从学生经常出现偏误的离合词“见面、结婚”入手，用这两个词导入，直接给出正确范例；再总结出离合词的肯定结构、否定结构、疑问结构；然后进行强化训练，让学生意识到离合词一般不能直接带宾语；最后设计“教你玩儿牌”游戏，学生通过游戏进行有效体验，说出带有离合词的语句。

三、建议给出以往学生学过的所有离合词，以便帮助学生进行总结。

偏误

[**错序**] 宾语位置出现偏误。离合词后面不能带宾语。如果带宾语，需要把宾语提前，例如“她已经大学毕业了”；或者增加“跟”，如“跟朋友见面、跟男朋友结婚”。

* 她已经毕业大学了。

* 他昨天见面朋友了。

* 她结婚她的男朋友。

课堂描述

离合词中间可以插入其他词或短语。

导入

扫描二维码获取图片

教师结合实际情况提问。

师：昨天你和朋友见面了吗？

生：昨天我和朋友见面了。

师：（出示女孩儿结婚的图片）女孩儿结婚了吗？

生：女孩儿结婚了。

师：女孩儿跟谁结婚了？

生：女孩儿和约翰结婚了。

师：我们今天学习的“见面”和“结婚”是一种特殊的动词，结构是“V + O”，这种特殊的动词叫离合词，离合词中间可以加入别的词语。

教师板书以下例子：

见了面

见了半个小时面

结了婚

结了两次婚

肯定范例及结构

昨天我们和朋友见面了。

她和约翰结婚了。

[**主语** + **介词** + **宾语** + **离合词** + **了**]

他们见了半个小时面。

[**主语** + **动词** + **时量补语** / **动量补语** + **宾语**]

否定范例及结构

他没和朋友见面。

[**主语** + **没（有）**（+ **介词** + **宾语**）+ **离合词**]

她和约翰没结婚。

[主语（+ 介词 + 宾语）+ 没（有）+ 离合词]

疑问范例及结构

他和朋友见面了吗？

她和约翰结婚了吗？

[主语 + 介词 + 宾语 + 离合词 + 了 + 吗]

操练

[组句练习]

想想下列句子中哪些词是离合词，组句时可以分开。

1. 小时　和　游泳　同学　我　三个　了

____

2. 男朋友　去年　她　结婚　和　了

____

3. 我　昨天　同屋　和　吵架　了

____

课堂活动

一、[教你玩儿纸牌]

教师把常用的离合词制作成纸牌，包括“结婚、见面、游泳、吵架、考试”等；每个学生发 5 张纸牌，全班分成几个小组，各小组围坐成一圈。一个学生出牌，并用牌上的词语说句子，随后大家轮流出牌并说句子。如果有学生说不出来，其他学生可以提供帮助，这个学生需重复一次。游戏时间为 8 分钟。

二、[比一比]

学生两人一组，用“结婚、见面、游泳、吵架、考试”等词语说疑问句，互相提问。

练习与测试

一、改错。

1. 我常常见面我的中国朋友。

____

2. 他结婚了三次。

____

3. 他游泳了三个小时。

____

二、找出下列句子中的离合词。

昨天下午我游了一会儿泳，和好朋友见了一面。晚上，大家一起去唱了很长时间的歌。我只睡了 5 个小时的觉就起床了。

22 介词“为了”

语法意义及功能

“为了”是介词，表示目的。

语法知识储备

一、介词“为了”用于引出目的和对象。

二、“为了”的后面可以是词，也可以是短语。

三、“为了”及其宾语构成的介宾短语用在目的复句中时，可以放在前一分句中，如“为了学好汉语，我来到了中国”；也可以放在后一分句中，用在“……，（是）为了……”格式中，例如“我来到中国，是为了学好汉语”。

教学核心思路

一、运用情境法教学，首先找到大多数学生的一个共同目标，然后一起讨论为了实现这个目标，大家可以怎么做。

二、根据平时对学生们的了解以及对学生们的期望，设置“为了”分句，让学生说自己需要做的努力，比如“为了学好汉语、为了以后能帮助更多的人、为了让家乡变得更好、为了让我们的父母放心”。

三、“为了”可以用在前一分句中，也可以用在后一分句中，用在前一分句的情况更常见，可以分步骤学习和操练。

偏误

一、[**遗漏**] 在“为了”分句中，遗漏宾语中的某些成分。

* 为了好，我要锻炼身体。

* 为了实现，我要努力学习。

二、[**误用**]“为了”和“因为”有时会发生混淆。

* 为了工作很忙，所以爸爸每天回家很晚。

课堂描述

“为了”表示目的。“为了……，……”的意思是为了这个目的，我们做了什么，正在做什么，要做什么。

导入

[通过如何学好汉语导入]

师：大家都很想学好汉语吧？

生：对。

师：为了学好汉语，大家都很努力，同学们有什么好方法吗？

生：多听、多说、多练习。

师：我们可以说：为了学好汉语，……

生：为了学好汉语，我们应该多听、多说、多练习。

师：为了学好汉语，还有什么好方法啊？

生：为了学好汉语，我每周都和中国朋友见面。

生：为了学好汉语，我得多看中国的电视节目。

肯定范例及结构

为了学好汉语，我们应该多听、多说、多练习。

[为了……，……]

我每天都练习汉语，为了以后能当翻译。

[……，（是）为了……]

操练

[给老师出主意]

教师说出自己的几个目标，让学生使用“为了”说句子给老师出主意。比如：“为了身体更健康，老师应该怎么做？”

课堂活动

一、[如何学好汉语]

教师提出几个学习汉语的目标，引发学生思考，分享观点。可参考的讨论内容包括“为了提高听力水平、为了提高口语水平、为了记住汉字”等。

二、[献计献策]

引导学生讨论目前校园里、社会中存在的问题，讨论时要用上“为了”。比如“现在学校里的电动车非常多，很危险，为了大家的安全，…… ”“每个国家都非常重视环境问题，为了有一个好环境，我们应该……”等。

三、[谈愿望]

让学生们说一说自己的愿望，以及自己为了实现这个愿望已经做出的努力。然后大家献计献策，看看为了实现这些愿望，还能做什么。

练习与测试

一、小调查。

让学生问一问自己的家人，他们有什么愿望，想一想为了帮助他们实现愿望，可以做什么，用包含“为了”的句子写下来。例如：“我姐姐的愿望是……，为了帮助她实现愿望，……”

二、完成对话。

A：你做什么呢？

B：我在写生词呢。

A：这么晚了，还在写吗？

B：我总是记不住，为了________________。

A：我最近每天都看中文电影，为了________________。

B：为了学好汉语，______________。

三、写一写。

先写一个自己的愿望，说说为了实现这个愿望，你做了什么，还要做什么；然后用包含“为了”的句子写一写。

23 连词“由于”

语法意义及功能

连词“由于”表示原因，一般用在较为正式的书面语中。

语法知识储备

一、“由于”是表示原因的连词，连接分句或句子。

二、“由于”出现在前一分句时，后一分句常有“所以、因此、因而”等与之呼应。“由于”出现在后一分句时，常见格式为“……，是由于……”。

三、注意区分“由于”和“因为”的用法：

1. 连词“由于”可以同“因此、因而”搭配使用，“因为”不可以。

2. 连词“因为”可以独立用在后一分句中，但连词“由于”不能，必须用在“……，是由于……”格式中。

教学核心思路

一、利用情境法创设较为正式的表达因果的语境。

二、根据学生的真实情况创设语境，比如请学生用“由于”阐述学习汉语的原因。

三、操练时，语体应较为正式，此外也要注意内容与逻辑。

偏误

一、[**误加**]“由于”是语体上较为正式的书面语，因此不能用在口语性强的句子中。

* 由于我累死了，就不和你们出去玩儿了。

二、[**误用**]“由于”和“因为”发生混淆。连词“由于”不能单独用在后一分句中，连词“因为”可以。

* 今天很多航班都晚点了，由于天气原因。

课堂描述

“由于”的意思是“因为”，比较正式。

导入

使用较为正式的语体和语境导入。

师：我们以前学过“因为”，“由于”也是“因为”的意思，但是更正式，“由于”的后面常常用“因此”。

师：我很高兴大家选择学习汉语。由于什么原因，大家选择学习汉语呢？（教师在引导时，语气和教态也要正式）

生$_1$：由于我的妈妈是中国人，所以我选择学习汉语。

生$_2$：由于我对汉语感兴趣，所以我选择学习汉语。

肯定范例及结构

由于汉语是世界上最重要的语言之一，我选择学习汉语。

由于汉语是世界上最重要的语言之一，因此我选择学习汉语。

由于汉语是世界上最重要的语言之一，所以我选择学习汉语。

[由于……，（因此 / 所以）……]

操练

[分析原因]

请学生说一说自己在学习、生活中遇到的问题，也可以说一说大家都关注的问题，如人口问题、交通拥挤问题等，并分析其中的原因。教师应注意引导学生从客观环境、自身因素等不同的角度进行分析。分析时不仅要注意“由于”的使用，也应注意内容的逻辑。

课堂活动

一、[分析问题]

引导学生找出所在学校或者城市的一个问题，并使用“由于”对这个问题进行分析，如教育、环保等。讨论的时候避免就事论事，应通过表面现象找到问题背后多元化的原因和解决方案。

二、[世界问题讨论]

在上一个课堂活动的基础上扩展，选择一个世界性的问题展开头脑风暴，使用“由于”对这个问题进行分析。如环境问题、人口老龄化问题等。

练习与测试

一、连一连。

1. 由于天气原因，　　　　a. 我的汉语提高得很快。

2. 由于老师的关心和帮助，　　　　b. 我选择来北京学习汉语。

3. 由于北京的语言环境很好，　　　　c. 很多航班都晚点了。

二、完成句子。

1. ________________，我没住在学校的宿舍里，而是在外面租房住。

2. ________________，我常常自己做饭。

3. 由于他经常迟到，________________。

三、写一写。

想一想自己居住的城市存在什么问题，并用包含“由于”的句子来分析原因。

24 疑问代词的虚指

语法意义及功能

疑问代词表示虚指时，指称不能确定、说不出来或无须具体说明的人或事物。

语法知识储备

一、疑问代词不表疑问的时候，有虚指（或者说不定指）和任指两种用法。

二、虚指指称不能确定、说不出来或无须具体说明的人或事物。如“我饿了，想吃点儿什么”中的“什么”是虚指。

教学核心思路

一、采用以旧带新、替换等方法进行讲练。

二、采用以旧带新的方式导入，用疑问代词替换一般陈述句里的相应部分，让学生理解疑问代词表示虚指的意义，再进行练习，最终让学生掌握这种结构。

三、注意：疑问代词的虚指用法学生掌握起来比较难，所以教师要多创设合适的情境，多操练。

偏误

[**遗漏**] 动词或情态动词前遗漏“都”。

* 我很渴，什么我喝得下。

* 哪儿我想去玩儿玩儿。

课堂描述

疑问代词的虚指不表示疑问，表示不能确定或不愿意具体说明的人、事物、地方等。

导入

师：快中午了，你们都饿了吧，想吃点儿什么？

$生_1$：水饺。

$生_2$：面条儿。

$生_3$：汉堡。

教师依次板书学生的答案，形成句子：“我饿了，想吃点儿（水饺/面条儿/汉堡）。”

师：我也饿了，但是还没想好要吃的东西，该怎么说呢？很简单，我把这些（用笔标出括号部分，并在下面板书“什么”）换成“什么”就可以了。好，请跟我说一遍：“我饿了，想吃点儿什么。”请注意，这里的“什么”不是问问题，它的意思是不确定的东西。

用同样的方法，教师再引入：

放假了，我打算去（上海/南京/哈尔滨）玩儿玩儿。（不确定要去的地方）

我们（明天/下周末/下个月）去小明家玩儿吧。（不确定去的时间）

肯定范例及结构

我想吃点儿什么。

我想去哪儿玩儿玩儿。

我想找谁聊一聊。

[动词 + 什么/哪儿/谁（+ 动词短语）]

我们什么时候去小明家玩儿吧。

我想想怎么帮帮他。

[什么时候/怎么 + 动词短语]

操练

一、[用疑问代词替换括号里的部分]

1. 我（毕业以后）要去欧洲旅行一次。

2. 他很渴，想喝点儿（水）。

3. 考完试，他想去（广州）玩儿一趟。

二、[用疑问代词填空]

前段时间我一直忙着考试，觉得很累，于是打算去（　　）玩儿玩儿，放松一下。正好，朋友约我去骑马。我一直对骑马很感兴趣，想（　　）也试一试，现在终于有机会了，所以我高兴地答应了。不过，我还不知道应该准备些（　　），得问问我朋友。

课堂活动

一、[抽签换句子]

全班分为两组，抽签用疑问代词替换句子中的某些词语，替换正确的小组加一分，分数高的组赢得比赛。教师准备的句子如：

1. 要是我寒假 / 暑假 / 明年 / 今年夏天能去欧洲旅行一次就好了。

2. 周末我想去商场 / 胡同 / 公园逛逛。

3. 我现在又饿又渴，真想吃点儿面条儿 / 饺子 / 面包，喝点儿可乐 / 水 / 牛奶。

4. 你把这幅画挂在客厅 / 卧室 / 书房 / 墙上吧，别随便乱放。

5. 你应该坚持每天看点儿故事 / 小说 / 新闻，这样才能提高阅读能力。

6. 你随便说说天气 / 爱好 / 有意思的事吧，不要不说话啊。

二、[编故事]

2～3个学生一组，一起用表虚指的“什么/哪儿/什么地方/什么时候”编一个故事，讲给全班同学听。

练习与测试

一、组句。

1. 什么 我 吃 想 点儿

____

2. 打算 他 去 什么时候 王府井 逛逛

____

二、用给定的词语完成对话。

1. A：考完试以后，你有什么打算？

B：______________________________。（什么地方/哪儿）

2. A：______________________________。（什么时候）

B：我也想去，你去的时候告诉我一声。

25 疑问代词的任指

语法意义及功能

疑问代词的任指用来强调任何人、任何事物，其指称是周遍性的。

语法知识储备

一、疑问代词的非疑问用法之一是任指，任指的指称是周遍性的，用来强调任何人、任何事物。当句子中有疑问代词表任指时不要求回答。常见句型有三种：

1. 疑问代词 + 都 / 也……；

2. 疑问代词……疑问代词……；

3. 无论 / 不管 / 不论……+ 疑问代词……，都 / 也……。

二、第 1 种句型中，疑问代词后面常用“都、也”与之搭配。如“她哪儿都不想去”中的“哪儿”指称的是任何地方，是周遍性的。

三、第 2 种句型使用两个相同的疑问代词，前后呼应，指同一个人、事物、时间、地点、方式等，如“你想吃什么就吃什么”中，第一个“什么”表任指，第二个“什么”指称与第一个“什么”相同的事物。这种用法多见于紧缩句或复句。

四、第 3 种句型将在复句里讲。

教学核心思路

一、采用以旧带新、创设情境的方法，分步导入，然后采用情境问答、图片问答等方法操练。

二、第 1 种句型“疑问代词 + 都 / 也……”用以旧带新法，分三步导出目标句型，然后进行操练。第 2 种句型用情境法导入，围绕同一个话题从不同方面引导出目标句，这样也便于学生理解。第 3 种句型作为一种重要的复句将进行专门讲解。

三、注意：学生在学习时容易出现错序等偏误，教师讲练时要注意纠正。

偏误

一、[**误用**] 在表任指的“疑问代词……疑问代词……”结构中，前后两个疑问代词不一致。

* 什么便宜，我就买哪个。

二、[**错序**] 疑问代词“怎么”应放在动词前，表示方式。

* 你说怎么，我就做怎么。

课堂描述

疑问代词的任指用法表示任何人、任何事物。比如“坐哪儿都行”，“哪儿”表示任何地方。

导入

一、[以旧带新，导入“疑问代词 + 都 / 也……”]

师：杰克，刚来学校的时候，你认识小明吗？

杰克：不认识。

（板书：杰克不认识小明。）

师：认识马力吗？

杰克：也不认识。

（在“小明”的下面写“马力”）

师：我们班的人，你都不认识，对吧？

杰克：对。

（在“马力”的下面写省略号）

师：好，这些人，我们用“谁”代替。（一边说，一边圈出例句中名字那一列，在旁边写“谁”）

师：杰克不认识谁？不，我不想问问题，我想说的意思是杰克一个人都不认识。注意，我们可以这样说：“杰克谁都不认识。”（一边说，一边用不同颜色的笔板书这个句子）

可用同样的方法导出“我什么都不想吃”“他哪儿都没去过”。

教师归纳：1. 当疑问代词做宾语的时候，需要移位至主语后并添加副词“都 / 也”与之搭配；2. 在这样的句子中，疑问代词不表示疑问，而是表示“任何”。

教师不用说语法术语，用例句里的相关部分示意就可以了。

二、[教师结合生活实际，导入“疑问代词……疑问代词……”]

师：大家喜欢吃自助餐吗？

生：喜欢。

师：我也很喜欢。因为吃自助餐很方便，我想吃海鲜就吃海鲜，想吃蔬菜就吃蔬菜，总之，我想吃什么就吃什么。(板书：我想吃什么就吃什么。)

用同样的情境，还可以再引出“哪家的菜好吃我们就去哪家”“我们想什么时候去就什么时候去”“谁想参加谁就参加”等，最后给学生归纳该结构的格式，并强调在这种结构中疑问代词是成对使用的，即前后应为同一个疑问代词。同时，前后两个分句或短语之间通常用“就”连接。

肯定范例及结构

我谁都认识。

我什么水果都爱吃。

我哪儿都去过。

[主语+疑问代词（谁/什么/哪儿）（+名词）+都/也+动词/动词短语]

我怎么去都可以。

我怎么都行。

这种菜怎么做都好吃。

[主语+疑问代词（怎么）（+动词）+都/也+动词/形容词]

谁想参加谁就参加。

谁想参加谁参加。

哪本词典好就买哪本。

哪本词典好买哪本。

现在可能堵车，怎么去快就怎么去。

现在可能堵车，怎么去快怎么去。

[**疑问代词……（+ 就 +）疑问代词……**]

否定范例及结构

我谁都不认识。

我什么水果都不爱吃。

我哪儿都没去过。

[**主语 + 疑问代词（谁 / 什么 / 哪儿）（+ 名词）+ 都 / 也 + 不 / 没（有）+ 动词 / 动词短语**]

我谁都帮不了。

她没学过汉字，什么书都读不懂。

我的脚受伤了，哪儿也去不了。

[**主语 + 疑问代词（谁 / 什么 / 哪儿）（+ 名词）+ 都 / 也 + 动词 + 不 + 补语**]

操练

一、[师问生答]

教师提问，学生用“疑问代词 + 都 / 也（+ 不 / 没）……”回答。比如：

1. 你什么时候有空儿？我请你吃饭吧。

2. 西蒙，听说你是个“北京通”，北京有名的地方你去过哪些？

3. 我们班谁喜欢考试？

4. 你在很吵的商场里，我给你打电话，你听得清楚吗？

二、[情境提问]

教师根据情境提问，学生用“疑问代词……疑问代词……”回答。比如：

1. 下周的唱歌比赛谁参加？

2. 你打算怎么去颐和园？

3. 周末你想去哪儿玩儿？

三、[看图回答]

展示有对比性的图片，如人多的地方和人少的地方，教师提问，学生回答。比如：

扫描二维码获取图片

师：周末她喜欢去哪儿？

生：哪儿热闹她就去哪儿。

师：周末他喜欢去哪儿？

生：哪儿安静他就去哪儿。

课堂活动

一、[他/她的特点]

全班一起讨论班里学生的优点，然后用“疑问代词+都/也……”描述每一个人，如：

1. 迪娜性格很好，我们班谁都喜欢她。

2. 安娜喜欢打扫房间，她的宿舍哪儿都很干净。

3. 杰克什么运动都喜欢。

二、[比一比]

教师用 PPT 展示或口头描述若干情境，学生分成几个小组，各组讨论以后用“疑问代词……疑问代词……”造句，然后抄在黑板上，在一定时间内完成正确句子最多的组获胜。如：

师：惠珍小时候很听话，妈妈让她做作业她就做作业，妈妈让她睡觉她就睡觉。这种情况我们可以怎么说？

生：妈妈让惠珍做什么，惠珍就做什么。

练习与测试

一、用“疑问代词 + 都 / 也……”改写句子。

1. 这家商店所有的东西都很贵。

____

2. 她的房间永远都是干干净净的。

____

3. 我的家人都不喜欢运动。

____

4. 我的钥匙丢了，我找了很多地方都没找到。

____

二、组句。

1. 我　想　都　什么　尝一尝

____

2. 谁　她　不想　也　见

____

3. 不忙　我　最近　见面　都　哪天　可以

____

4. 想　吃　你　吃　就　什么　什么

____

5. 件　件　哪　哪　衣服　舒服　买　就

____

三、用给定结构完成对话。

1. A：中午你想吃点儿什么？

B：____________________。（什么……都……）

2. A：谁代表我们班去参加书法比赛呢？

B：____________________。（谁……谁……）

3. A：假期我们去哪儿玩儿呢？

B：____________________。（哪儿……哪儿……）

第二部分　语言点辨析

26 “有点儿”和“一点儿”

语法意义及功能

“有点儿”和“一点儿”都表示少量或程度轻微的意思。“有点儿”用在动词或者形容词前面，表示程度轻微，带有“不如意”的意思。“一点儿”表示很少或不定的数量，常用在名词前面做定语，也可以用在形容词后面表示比较、命令、催促、劝告。

语法知识储备

“有点儿”和“一点儿”是一对近义词，二者的区别具体体现在以下几个方面：

1. “有点儿”放在形容词、动词之前，有“不如意”的意思，如：“这件衣服很好，可是有点儿贵。”“他有点儿累。”“孩子有点儿咳嗽。”

2. “有点儿”可以用在心理动词前，如：“来中国一个月了，我有点儿想家。”

3. “一点儿”放在形容词之后表示比较、命令、催促、劝告等意思，如：“昨天 30 度，今天（比昨天）热一点儿。”“快一点儿。”

4. “一点儿”放在名词之前表示少量，如：“我会说一点儿汉语。”

教学核心思路

一、结合学生生活实际，利用问答法导入，精讲多练。

二、先给出例句，让学生了解“有点儿”和“一点儿”在句子中的位置，然后创设情境引导学生说出正确的句子。同时，设计“老师考考你”活动，让学生体会二者的差别。

三、教学中要注意“有点儿”和“一点儿”在语序上的差别。

偏误

一、[**误用**]“有点儿”和“一点儿”误用。“有点儿”后面的形容词一般为消极形容词。

* 今天一点儿热。

* 这件衣服一点儿大，有没有小一点儿的？

* 她长得有点儿漂亮。

* 老师，你说话很快，能不能有点儿慢？

二、[**错序**]“有点儿”的位置有误。

* 我怕冷有点儿。

课堂描述

“有点儿”和“一点儿”都表示少量、程度轻。“有点儿”常用在形容词或动词的前面；“一点儿”常用在名词前面，还可以放在形容词或动词后面，表示比较、命令、催促、劝告。

导入

一、[教师通过实际情境引出“有点儿”]

师：今天的天气是10度，你们冷吗？

生：冷。

师：今天有点儿冷。

二、[教师通过实际情境导入形容词后的“一点儿”]

师：要迟到了，你跟同学在去学校的路上，你想快走，你怎么说？

生：快一点儿！

三、[教师通过实际情境导入名词前的“一点儿”]

师：有朋友到你们家，你问他喝不喝茶，怎么说？

$生_1$：你想不想喝一点儿茶？

$生_2$：喝（一）点儿茶吧！

肯定范例及结构

今天有点儿冷。

他有点儿咳嗽。

[主语 + 有点儿 + 形容词 / 动词]

你快一点儿。

[主语 + 形容词 + 一点儿]

喝一点儿茶吧。

[动词＋一点儿（＋名词）]

操练

一、[快速提问]

师：今天30度，天气热吗？

生：今天有点儿热。

师：她体重90斤，她瘦吗？

生：有点儿瘦。

师：你们早上吃饭了吗？

生：没吃。

师：你饿吗？

生：我有点儿饿。

二、[用"有点儿""一点儿"填空]

1. 这个书包太大了，有没有小（　　）的？

2. 老板，这件衣服（　　）小，有没有大（　　）的？

3. 这件衣服的颜色（　　）深，我要浅（　　）的。

4. 这双鞋子太小了，我想要大（　　）的。

5. 这本书（　　）难，那本容易（　　）。

课堂活动

[抢答比赛]

师：今天28度，昨天31度，我们可以说什么？

生：今天凉快一点儿/今天比昨天凉快一点儿。

师：用“热”表示，我们可以说什么？

生：昨天热一点儿/昨天比今天热一点儿。

师：快迟到了，你和同学在路上走，你可以说……

生：咱们快一点儿吧/请快一点儿。

师：你吃完了，我2分钟以后吃完。我们可以说……

生：我比你吃得快一点儿。

师：老师160cm，你161cm，我们可以说……

生：我的个子比老师的个子高一点儿。

练习与测试

用“有点儿”和“一点儿”填空。

1. 这件衣服________大，有没有小________的？
2. 今天外边________冷。
3. 我今天________累，想早________睡觉。
4. 请安静________，我们正在休息。
5. 老师，你说话________快，能不能慢________？

27 “差（一）点儿”和“差（一）点儿没”

语法意义及功能

“差（一）点儿”和“差（一）点儿没”表示某件事接近实现或者勉强实现了，从说话人的主观愿望来考虑，包含说话人希望发生和不希望发生两种情况。

语法知识储备

“差（一）点儿”和“差（一）点儿没”都表示某件事接近实现或者勉强实现了。二者的不同在于：

1. 凡是说话人希望发生的事情，肯定形式一般都表示否定意义，否定形式一般都表示肯定意义。比如：

（1）期中考试我差（一）点儿及格。（没及格）

（2）期中考试我差（一）点儿没及格。（及格了）

2. 凡是说话人不希望发生的事情，不管是肯定形式还是否定形式，意思一般都是否定的。比如：

（1）今天我差（一）点儿摔倒。（没摔倒）

（2）今天我差（一）点儿没摔倒。（没摔倒）

教学核心思路

一、结合学生生活实际，用问答法导入，精讲多练。

二、首先教师提问，让学生根据实际情况说出包含“差（一）点儿”肯定用法的句子，如“期中考试我差（一）点儿及格”（没及格），再如“今天我差（一）点儿迟到”（没迟到）；然后继续提问，让学生说出包含“差（一）点儿”否定用法的句子，如“期中考试我差（一）点儿没及格”（及格了），再如“今天我差（一）点儿没迟到”（没迟到）；最后进行对比，让学生理解肯定用法和否定用法的差别。

三、讲授“差（一）点儿”时，一定要一起讲否定式。

偏误

[**误用**] 混淆“差（一）点儿”和“差（一）点儿没”。

*这次考试我得了60分，差点儿及格。

*这次考试我只考了59分，差点儿没及格。

课堂描述

说话人希望事情发生时，“差（一）点儿”和“差（一）点儿没”的意思相反。比如,“差（一）点儿及格”的意思是“没及格”,“差（一）点儿没及格”的意思是“及格了”。

说话人不希望事情发生时，“差（一）点儿”和“差（一）点儿没”的意思一样。比如,“差（一）点儿迟到”的意思是“没迟到”,“差（一）点儿没迟到”的意思也是“没迟到”。

导入

[教师提问导入]

师：麦克这次期中考试考了 59 分。他及格了吗？

生：没有。

师：我们用“差（一）点儿”可以说：“麦克差（一）点儿及格。”

师：句子是肯定式，表达的是“没有及格”。

师：假如麦克期中考试考了 61 分，他及格了吗？

生：及格了。

师：用“差（一）点儿”怎么说？

生：麦克差（一）点儿没及格。

师：句子是否定式，表达的是“及格了”。“及格”是我们希望发生的事情。

师：早上我们 8:00 上课，玛丽 7:59 走进教室。玛丽迟到了吗？

生：没有迟到。

师：用“差（一）点儿”或“差（一）点儿没”怎么说？

生：玛丽差（一）点儿迟到 / 玛丽差（一）点儿没迟到。

师：“迟到”是我们不希望发生的事情，这时既可以用肯定式，也可以用否定式，表达的都是“没有迟到”。

肯定范例及结构

他差（一）点儿及格。（没及格）

玛丽差（一）点儿迟到。（没迟到）

[主语+差（一）点儿+动词]

否定范例及结构

他差（一）点儿没及格。（及格了）

他差（一）点儿没迟到。（没迟到）

[主语+差（一）点儿没+动词]

操练

一、[教师通过实际情境提问]

师：玛丽参加演讲比赛，她比第一名的成绩低1分。玛丽得第一名了吗？

生：没有。

师：用“差（一）点儿”怎么说？

生：玛丽差（一）点儿得第一名。

师：希望发生的事情，肯定式表达否定义，所以玛丽没得第一。

师：今天早上下雨，老师不小心滑了一下。（教师做出没摔倒的动作）老师摔倒了吗？

生：没有摔倒。

师：用“差（一）点儿”怎么说？

生：老师差（一）点儿摔倒。

师：还可以怎么说？

生：老师差（一）点儿没摔倒。

师：对了，不希望发生的事情，不管肯定式还是否定式都表否定。

二、[用“差（一）点儿”造句，并说出实际意义]

教师设置情境，让学生用“差（一）点儿”造句，并说出实际意义。教师可先做示范。目标语句如：

1. 他的车差（一）点儿丢了。（没丢）

2. 他们队差（一）点儿输了。（没输）

3. 他们队差（一）点儿赢了。（没赢）

课堂活动

[我问你答，猜猜看]

1. 这次考试的题太多了，我差（一）点儿没……

2. 一听到这个消息，他差（一）点儿 / 差（一）点儿没……

3. 早上 8 点上课，我 7 点 59 才到教室。我差（一）点儿 / 差（一）点儿没……

4. 今天的比赛很激烈，我们差（一）点儿 / 差（一）点儿没……

练习与测试

连一连。

1. 路上堵车，
2. 多年不见，
3. 路太滑了，
4. 下班晚了，
5. 我听到你这句话特别感动，
6. 他考了 100 分，

a. 高兴得差（一）点儿叫出来。
b. 那个老人差（一）点儿滑倒了。
c. 他差（一）点儿没赶上末班车。
d. 差（一）点儿哭了。
e. 我差（一）点儿没认出她。
f. 他差（一）点儿没迟到。

28 “还是”和“或者”

语法意义及功能

“还是”和“或者”均为连词，用来表示选择，一般二者选其一，有时候可以二者都选。

语法知识储备

一、“还是”与“或者”都属于选择复句中的单用关联词。

二、“或者”与“还是”的区别具体如下：

1.“还是”大多用在疑问句中，“或者”大多用在陈述句中。教师可借助句号让学生明白“陈述句”的大概意思。

（1）你吃米饭还是饺子？（疑问句）

（2）我吃米饭或者饺子。（陈述句）

2.“还是”大多是二选一；“或者”可以二选一，也可以两个都选，也可以选其他，属于多选一的类型。

（1）你去故宫还是去颐和园？（“故宫”“颐和园”二选一）

（2）你，或者她，或者你们俩一起去办公室吧。（“你”“她”可以选一个，也可以都选）

教学核心思路

一、遵循由易到难的原则，先分别学习两个语言点，再综合辨析。

二、本语言点重点在辨析，但需要先教会学生“或者”的用法，在学生掌握了“或者”的用法之后再与“还是”进行辨析。

三、辨析时，教师可以借助标点符号“？”“。”来帮助学生理解疑问句、陈述句。

偏误

[**误用**]“还是”和“或者”混淆。

*你去北京或者南京呢?

*你一个人住或者和别人一起住?

课堂描述

“还是”和“或者”都表示选择。“还是”一般用在疑问句中，“或者”一般用在陈述句中。

导入

一、[用情境导入“还是”]

教师可通过提问学生的真实计划来导入，提问范围包括时间、地点、方式、对象等。如教师可选择“旅游”这个话题，在PPT上配相应的照片，通过提问以旧带新，导入目标句。板书时注意突出句末标点“问号（?）”。

师：你想去日本旅游吗?

师：你想去中国旅游吗？

师：你想去中国旅游还是想去日本旅游？

生：我想去中国旅游。

师：你怎么去中国？坐飞机还是坐火车？

师：你和谁一起去中国？自己去还是跟朋友一起去？

教师也可以拿教室里的实物举例，导入目标句。

师：你想要蓝色的笔还是红色的笔？

师：你想要红色的卡片还是绿色的卡片？

二、[用情境导入“或者”]

教师可根据教室里的真实情况，引导学生说句子。比如，教师利用教室里的红色粉笔和白色粉笔自问自答。

师：我用哪种笔写呢？

师：白色的或者红色的，都行。

师：请同学帮老师去办公室拿一下作业，让谁去呢？

(教室里好几个学生举手)

师：马克，或者玛丽，或者你们俩一起去吧。

肯定范例及结构

坐飞机或者坐火车。

蓝色的笔或者红色的笔，都行。

[A + **或者** + B]

或者蓝色的笔，或者红色的笔，都行。

[**或者** + A，**或者** + B]

疑问范例及结构

你自己去还是跟朋友一起去？

[A + **还是** + B]

操练

一、[情境问答]

扫描二维码获取图片

如果你的父母来北京了，你会带他们去哪儿？

教师可提前在 PPT 上准备好相应的图片和参考句型，配好有关的专有名词的拼音，比如“颐和园、长城、故宫、天坛、香山、恭王府”等。学生两人一组操练，参考句型如下：

1. ……还是……
2. ……或者……，都行。
3. 或者……，或者……，……

二、[情境问答]

扫描二维码获取图片

教师提前在 PPT 上准备好图片、问题或提示词语。例如：

1. 你想要什么生日礼物？

2. 你晚上做什么？

3. 如果给你 300 元，你会做什么？

三、[餐厅点菜]

如果你和朋友去餐厅点菜，你会建议点什么？

课堂活动

一、[面试穿什么]

扫描二维码获取图片

你的朋友明天有一个面试，他 / 她不知道穿什么，你有什么建议？

教师提前在 PPT 上准备好参考句型，以及“衣裤、鞋袜、裙子、西装”等有关名词的拼音、释义、图片等。学生分组进行活动。参考句型如下：

1. ……还是……

2. ……或者……，都行。

3. 或者……，或者……，……

二、[送礼物]

扫描二维码获取图片

你和朋友们打算给同学买一个生日礼物，请你们商量一下，说说自己的想法吧。

教师提前在 PPT 上准备好参考句型，以及各种常见的生日礼物的拼音、释义、图片等。学生分组进行活动。参考句型如下：

1. ……还是……

2. ……或者……，都行。

3. 或者……，或者……，……

练习与测试

选择填空。

A. 或者……或者…… B. ……还是……

1. 你一个人住______和别人一起住？

2. 周末我______去公园，______去博物馆。

3. 周末你去公园______去博物馆？

4. 我______吃苹果______吃西瓜，都行。

5. 你吃苹果______吃西瓜？

第三部分　特殊句式

29 形容词谓语句

语法意义及功能

形容词谓语句是形容词做谓语的句子，用来描写人或事物的性状，或者说明性状的变化。

语法知识储备

一、在形容词谓语句中，形容词直接做谓语，前面不用“是”或其他动词，但常出现表示程度、时间、处所等的状语，如：“他很高。”“天已经黑了。”

二、形容词谓语句的否定形式主要是在谓语形容词前加“不”，表示变化时可用“没”。

三、用形容词的重叠形式时，重叠形式的后面一般要用“的”，如：“她的房间干干净净的。”

四、在表示疑问或对举时，形容词可以为光杆形式，如：“汉语难吗？”“屋里热，外面冷。”

五、形容词谓语后边可以带数量补语、趋向补语（多表示引申意义)、情态补语、程度补语、时间补语、可能补语、介词补语等。有些形容词可以加动态助词“了”或补语表示变化，如：“妈妈的头发全白了。”“天空突然暗了下来。”

教学核心思路

一、结合情境引入语言点，并通过问答法进行讲练。

二、先通过情境引入 2 ～ 3 组形容词谓语句，然后教师引导学生分析例句，总结形容词谓语句的结构特点：形容词做谓语的时候，前面不用加“是”，但肯定句中的形容词前一般要加程度副词，如“很、有点儿、非常”等，疑问句和否定句中的形容词前不用加程度副词。最后学生通过操练掌握形容词谓语句。

三、注意：受词汇量所限，出形容词谓语句这个语言点的时候，程度副词可能只学过“很”，教师出例句的时候也只能用“很”，但在说明的时候，要告诉学生还有别的词。

偏误

[**误加**] 在形容词谓语句中，形容词前误加“是”。

*这个房间是大，那个小。

课堂描述

形容词谓语句用形容词说明人或事物怎么样。

导入

扫描二维码
获取图片

[图片导入]

师：（展示图片1）小李和小张去小高家玩儿，他们高兴吗？

生：他们高兴。

师：嗯，他们很高兴。（板书例句）

师：那他们这样呢？（教师做不高兴的表情）

生：他们不高兴。（板书例句）

师：（展示图片2）小高的家怎么样？小高的家大吗？

生：小高的家大。

师：嗯，小高的家很大。（板书例句）

师：（展示图片3）同学们请看这张图片，这是小张的家，小张的家大吗？

生：不大。

师：对，小张的家不大。（板书例句）

师：同学们看，“高兴”“大”的前面没有“是”，但是要有别的词，像“很”“有点儿”什么的。“不高兴”“不大”的前面不用加“很”。问问题的时候也不用加“很”。

肯定范例及结构

他们很高兴。

[主语 + 程度副词 + 形容词]

否定范例及结构

他们不高兴。

[**主语 + 不 + 形容词**]

疑问范例及结构

他们高兴吗？

[**主语 + 形容词 + 吗**]

操练

一、[根据课堂场景和学生的实际情况，师问生答]

教室大吗？

你的房间大吗？

你们国家大吗？

你哥哥高吗？

他帅吗？

你今天高兴吗？

你们国家的人多吗？

二、[展示图片，生问生答]

扫描二维码
获取图片

教师准备图片的时候，要考虑班里学生的实际情况，比如，准备一张韩国的名胜古迹图片，让一名非韩国学生问韩国学生："这个地方好玩儿吗？ / 这个地方的东西贵吗？ / 这个地方漂亮吗？"准备一张泰国菜的图片，让非泰国学生问泰国学生："这个好吃吗？”准备中国小吃的图片，有的学生吃过，让没吃过的学生问：“这个好吃吗？”

课堂活动

一、[夸一夸]

让每个学生都在纸条上写一个形容词谓语句，夸一夸班里的一位同学。格式是：“XXX 很……”（允许使用没学过的形容词）然后教师把纸条收集起来，再请学生每人抽取一张，念给全班同学听。注意：在这个活动中，很有可能有的学生得到了好几条好评，而有的学生一条评价都没有得到，这时教师可以带领全班同学一起想一些句子来夸他 / 她。

二、[比一比]

学生两人一组，每组都会得到一张图片，要求学生用形容词谓语句描述图片的内容。（允许使用没学过的形容词）在规定时间内，哪个组说出的正确句子多，哪个组就获胜。

练习与测试

一、完成对话。

1. A：________________________？

   B：这件衣服不大。

2. A：你的房间干净吗？

   B：________________________。

3. A：那个公园漂亮吗？

B：________________________。

二、用给出的词改写句子。

1. 小明很高兴。

________________________。（不）

2. 小高的姐姐漂亮吗？

________________________。（很）

3. 公园里的人很多。

________________________？（吗）

30 “是”字句

语法意义及功能

“是”字句表示肯定和判断，是动词谓语句的一种。

语法知识储备

一、“是”字句是汉语最基本的语序结构的典型代表，基本格式为：“主语 + 谓语（是）+ 宾语”。“是”字句和“是……的”句有很大的区别，要注意区分。

二、“是”字句根据主语和宾语的语义关系可以分为以下几种：

1. 表示等同：

她是妹妹，我是姐姐。

我是第一名，她是第三名。

2. 表示归类：

我是老师，你们是学生。

我是中国人，你是英国人。

3. 表示特征：

他是高个子，我是矮个子。

4. 表示比喻：

她是狐狸。

5. 表示说明：

我是想早点儿来。

是他来晚了。

6. 表示存在：

桌子上是书，地上是书包。

三、初级阶段建议讲第 1、2 种语义，其他语义可以在中高级阶段讲解。

四、“是”与一般动词不同：“是”一般只能用“不”否定，即“不是”，“是”不能重叠，“是”后不能用“了、着、过”等动态助词及各种补语。

教学核心思路

一、采用问答法导入，遵循训练加体验的原则。“是”字句的教学最好运用生活中的实例，特别是师生或课堂里的实际情况。

二、利用各种实际生活场景进行大量操练，设计“丢沙包”游戏，让学生在玩儿中学，增加课堂活动的乐趣。

偏误

一、[**误用**] 等同或归类等语义关系中出现代词误用。

* 我是手机。

二、[**误加**] 误加“的”。

* 他是老师的。

*艾琳是法国人的。

课堂描述

“是”字句表示肯定、判断。

导入

[教师根据实际情况提问导入]

师：我是中国人，你们是哪国人？

肯定范例及结构

我是英国人。

[主语 + 是 + 宾语]

否定范例及结构

我不是美国人。

[主语 + 不是 + 宾语]

疑问范例及结构

你是中国人吗？

[主语 + 是 + 宾语 + 吗]

你是哪国人？

[主语 + 是 + 疑问代词 + 其他]

操练

[快问快答]

师：你是日本人吗？

生：我是日本人/我不是日本人。

师：你是老师吗？

生：我不是老师。

师：你是学生吗？

生：我是学生。

课堂活动

[丢沙包]

教师准备词卡和沙包，词卡上的词可以是“法国人、妹妹、姐姐、老师”等。教师出示一张词卡，将沙包丢给学生 A，学生 A 用词卡上的词快速造句，然后将沙包丢给学生 B，教师随机抽取另一张词卡，学生 B 快速造句，依此类推。

练习与测试

组句。

教师出示词卡，让学生造句，词卡上的词可以是“同学、牛奶、这、我们、手机、你、学生、老师、我”等。

31 表领有的“有”字句

语法意义及功能

表领有的“有”字句表示人或物领有或具有什么。

语法知识储备

一、动词“有”充当谓语的句子，称为“有”字句。“有”字句主要表示领有和存在，还可以表示比较、评价、达到等。此处讲的是表领有的“有”字句，如“我有一个姐姐”。表存在的“有”字句见后。

二、动词“有”的否定形式是在“有”的前面加否定副词“没”，如“我没有姐姐”，可以省略“有”，只说“没”，如“我没姐姐”。

三、“有”的另一种否定形式是“无”，“无”一般用在书面语或成语中。

四、“有”不能重叠。

五、“有”的后面不能带补语。

教学核心思路

一、结合情境，采用问答法进行讲练。

二、表领有的“有”字句教学难度不大，可以先通过翻译等方法讲解“有”的语义，导入主谓句“某人＋有＋宾语”，再给出否定形式和疑问形式，最后通过提问、回答反复操练，直至学生掌握。

三、注意：学生可能会出现一些偏误，如“我中文书有”“我没有一个姐姐”等，教师在讲练时要注意纠正。

偏误

一、[**误加**] 误加数量短语。在“有”字句的否定句中，充当宾语的名词前一般不能加数量短语。

* 我没有两个姐姐。

二、[**错序**] 宾语位置有误。在“有”字句中，宾语要放在“有”后面。

* 我手机没有。

课堂描述

“有”字句表示谁有什么。

导入

扫描二维码获取图片

[展示一张全家福（最好跟课文内容有关），提问]

师：他是谁？（如果还没有学特指疑问句，可以问：“他是……”语调上扬）

生：他是小李。

师：她是谁？

生：她是小李的姐姐。

师：好，小李有一个姐姐。（板书例句）

师：他是小李的哥哥吗？

生：不是。

师：小李没有哥哥。（板书例句）不能说："小李没有一个哥哥。"（在刚才板书的"哥哥"前用其他颜色的笔加"一个"，然后把"一个"划掉）

师：小李有姐姐吗？（一边问，一边指着相应的例句示意学生回答"小李有一个姐姐"，并在"小李有一个姐姐。"上面板书问句）

师：小李有哥哥吗？（一边问，一边指着相应的例句示意学生回答"小李没有哥哥"，并在"小李没有哥哥。"上面板书问句）

师：请跟我读："小李有姐姐吗？/小李有一个姐姐。/小李有哥哥吗？/小李没有哥哥。"

肯定范例及结构

小李有（一个）姐姐。

[主语＋有（＋数量短语）＋宾语]

否定范例及结构

小李没有姐姐。

[主语＋没有＋宾语]

疑问范例及结构

小李有姐姐吗？

[**主语＋有＋宾语＋吗**]

操练

一、[师问生答]

教师轮流提问学生："你有哥哥 / 姐姐 / 弟弟 / 妹妹吗？"要求学生回答完整的句子。如果答案是肯定的，得说："我有……个哥哥 / 姐姐 / 弟弟 / 妹妹。"

二、[看图说话]

学生两人一组，教师分给每个小组若干图片，图片内容根据学生的词汇量而定，可以为铅笔、书、本子等，两人根据手中的图片轮流问答。

具体过程：学生 A 手中有铅笔的图片，展示给学生 B，然后问学生 B："你有铅笔吗？"学生 B 手中若有相同的图片，则根据图片内容肯定回答，如："我有三支铅笔。"若没有相同的图片，则否定回答，如："我没有铅笔。"然后换学生 B 展示图片进行提问，重复上述过程。

课堂活动

一、[吹牛比赛]

两个学生一组，跟对方吹牛，看看谁吹的牛大。比如：

A：我有一百本中文书。

B：吹牛。我有两百本中文书。

二、[小调查]

教师把设计好的家庭成员表格发给学生，让他们调查同桌的家庭成员，然后向全班汇报。调查时所用句子为："你有哥哥 / 姐姐 / 弟弟 / 妹妹吗？""我没有哥哥 / 姐姐 / 弟弟 / 妹妹。""我有……个哥哥 / 姐姐 / 弟弟 / 妹妹。"汇报时所用句子为："XXX 有……个……，没有……"

练习与测试

一、组句。

1. 两个　她　妹妹　有

____

2. 有　书　我　一本

____

二、写出下列句子的疑问形式和否定形式。

例：王中有一个弟弟。

　王中有弟弟吗？

　王中没有弟弟。

1. 高文有七个姐姐。

____

____

2. 大卫没有中文书。

____

____

3. 我明天有中文课。

____

____

32 差比句："比"字句

语法意义及功能

含有"比"的差比句用来比较事物在不同时间或不同情况下性质或程度的差异。

语法知识储备

一、差比句是汉语中表达比较的一种句式，表示差比的"比"字句由"比"字短语充当状语，用来比较不同事物或同一事物的某种属性在不同时间、不同情况下的差异。

二、"比"字句的基本格式是"A+ 比 +B+ 比较的内容"，比较的内容可以由形容词、动词、主谓短语等充当，前面不能加程度副词"有点儿、比较、很、非常"等，其后可以加"一点儿、一些、得多、多了"，如"今天比昨天热一些"。差比句其他较复杂的形式（如带数量补语或状态补语）会在中高级阶段学习。

三、"比"字句的否定形式一般是把"比"换成"没有"或"不如"，例如"A + 没有 + B……""A + 不如 + B……"等，不能在谓语动词或形容词前直接加"不"。

四、"比"字句很少用正反疑问式提问，一般用"吗"提问，如："弟弟比妹妹高吗？"或者用特指问，如："弟弟比妹妹高多少？"

教学核心思路

一、温故知新，用动作引入，遵循训练加体验的原则，循序渐进，分阶段、分句型进行操练。

二、差比句是初级阶段语法教学的重点之一，教师可以利用实物以“比大小”等游戏进行导入，这样能调动学生学习的积极性，并能有效预防学生在使用中可能出现的偏误。其次，差比句的句式较多，语义表达有不同的层次，教师可以分阶段进行“比”字句的教学，例如可以先教最基础的表示属性的“A + 比 + B + 形容词”句式，再引导学生学习“A + 比 + B + 形容词 + 具体数量”句式，最后再教学生学习“A + 比 + B + 形容词 + 一点儿 / 一些 / 得多 / 多了”句式。

三、一节课上的语法教学内容如果太多，学生可能难以消化，所以差比句的否定形式以及含有动词短语的“比”字句等稍复杂的句式可以在学生掌握最基本的句式之后再学，其他由基本句型“A + 比 + B + 形容词 / 动词短语”衍生出来的常用格式（如带数量补语等），留待以后课文中出现时再讲。

三、注意：在教学中，教师应注意引导学生说出显示他人长处的句子。

偏误

一、［**错序**］形容词和“比”的位置有误。

*我高比他。

二、［**误用**］“没有”与“不比”混淆，否定句误用“不比”，应该用“没有”。

*他一米六，我一米五，我不比他高。

三、[**误加**] 形容词前误加"很、比较、非常"等程度副词。

*这次考试比上次考试非常难。

课堂描述

差比句可以比较人或事物在不同时间和不同情况下的差别。

导入

教师准备几张标有身高数据的人物图片，然后提问。

师：你高还是这位小朋友个子高？

生：我 170 厘米，他 125 厘米，我高，他矮。

师：可以说："我比他高。"（教师板书例句，并要求学生重复这句话）

师：你和哥哥都喜欢运动吗？

生：我不喜欢，我哥哥喜欢运动。

师：那就可以说："他比我喜欢运动。"（教师板书例句，并要求学生重复这句话）

肯定范例及结构

我比他高。

我比他高五厘米。

我比他高一点儿。

我比他高一些。

我比他高得多。

我比他高多了。

[A **比** B + **形容词** + **具体数量** / **一点儿** / **一些** / **得多** / **多了**]

他比我喜欢运动。

[A **比** B + **动词短语**]

否定范例及结构

我没有他（那么）高。

他没有我（这么）高。

我不如他（那么）高。

我没有他（那么）喜欢运动。

我不如他（那么）喜欢运动。

[A + **没有** / **不如** + B（+ **那么** / **这么**）+ **形容词** / **动词短语**]

操练

[把下面的句子改成差比句]

1. 小张 27 岁，小王 25 岁，小李 18 岁，小赵 17 岁。

2. 北京 25 度，上海 30 度。

3. 我特别喜欢运动，他不太喜欢运动。

课堂活动

一、[比一比]

学生两人一组，问对方下面的问题，然后两人进行对比，说差比句。

1. 你家有几口人？

2. 你一分钟能写多少个汉字？

3. 你们国家有多少人口？

二、[小调查]

让学生根据自己国家的气候状况填写表格，然后两人一组，用“A + 比 + B + 形容词”和“A + 没有 + B + 形容词”练习对话。

练习与测试

一、组句。

1. 多　女生　男生　没有

____

2. 昨天　热　比　今天

____

3. 高　比　姐姐　她　一点儿

____

二、看图片，买东西。

教师列出商品图片及价格，让学生挑选想买的东西，并用“A + 比 + B + 形容词”和“A + 没有 + B + 形容词”说出买这个东西的原因。

三、用“A + 比 + B + 形容词 + 具体数量 / 其他”改写句子。

1. 爷爷 80 岁，奶奶 73 岁。

____

2. 我哥哥 1 米 8，我 1 米 6。

____

3. 我觉得口语课不难，综合课有点儿难。

____

四、根据提供的词语用差比句造句。

例：罗飞龙　安梅兰　五分钟

罗飞龙比安梅兰晚到了五分钟。

1. 西餐　中餐　三十块钱

____

2. 这本书　那本书　十块钱

____

3. 大卫的作文　玛丽的作文　500 字

____

33 等比句：A + 跟 + B + 一样 / 不一样

语法意义及功能

等比句表示两个人或两种事物相同或不同。

语法知识储备

一、学习等比句“A + 跟 + B + 一样 / 不一样”之前学生应学过副词“也、不、差不多、几乎”、形容词“大、快、高、贵”、动词词组“喜欢唱歌、喜欢跳舞”等。

二、在等比句“A + 跟 + B + 一样 / 不一样”中，A 和 B 代表相比较的两个人或两种事物，A 和 B 常常是名词、名词短语、代词等。

三、在“A + 跟 + B + 一样”这个肯定句里，“一样”的前边可以加“差不多、几乎、不太、完全”等词语，不能加程度副词“很、挺、非常、十分、特别”。比如，可以说“我们的书跟老师的书完全一样”，但是却不能说“我们的书跟老师的书非常一样”。

四、“A + 跟 + B（+ 几乎 / 差不多）+ 一样 + 形容词 / 形容词短语”这个结构中的形容词一般是积极的，比如“高、长、宽、厚、大、多”等表示高度、长度、宽度、厚度、面积、体积、数量的词，一般不用“矮、短、窄、薄、小、少”等消极形容词。

教学核心思路

一、循序渐进，由浅入深。

二、“A+ 跟 +B + 一样 / 不一样”的教学建议分五步走。

第一步：引入肯定式“A + 跟 + B（+ 几乎 / 差不多）+ 一样”。

第二步：引入否定式“A + 跟 + B + 不一样”。

第三步：引入表平行比较的肯定式“A + 跟 + B（+ 几乎 / 差不多）+ 一样 + 形容词 / 动词短语”。

第四步：引入表平行比较的否定式“A + 跟 + B + 不一样 + 形容词 / 动词短语”。

第五步：引入疑问句。

（1）A + 跟 + B + 一样 + 吗？

（2）A + 跟 + B + 一样不一样？

（3）A + 跟 + B + 一样 + 形容词 / 动词短语 + 吗？

三、注意：只要学会了水果的名字，比如“西瓜、苹果、柠檬、橘子”，以及“酸、甜”等词之后，就可进行“A + 跟 + B + 一样 / 不一样”的讲练。当然，也可以在学生有了一定的语法知识储备之后再学“A + 跟 + B + 一样 / 不一样”。

偏误

一、[**误加**]“一样”后误加程度副词“很”。

*她跟他一样很高。

*你的身体跟之前一样很好吧？

二、[**错序**] 副词位置有误。

* 我的书不跟他的书一样。

课堂描述

"A + 跟 + B + 一样 / 不一样"表示相同或不同。

导入

一、[情境导入]

扫描二维码获取图片

通过语言点"也"进行导入。

师：你们的汉语书是哪本？

生：《尔雅中文》。

师：老师的书也是《尔雅中文》。可以说"我们的书跟老师的书一样"。

师：你的手机是？

生：苹果的。

师：老师的手机是华为的。可以说"我的手机跟老师的不一样"。

师：（出示图片）苹果甜吗？

生：甜。

师：（出示图片）西瓜甜吗？

生：甜。

师：（配合动作、表情）苹果跟西瓜一样甜。

师：（出示图片）橘子酸吗？

生：酸。

师：（出示图片）柠檬酸吗？

生：酸。

师：（配合动作、表情）柠檬跟橘子不一样酸。

肯定范例及结构

我们的书跟老师的书一样。

[A + **跟** + B（+ **几乎** / **差不多**）+ **一样**]

苹果跟西瓜一样甜。

妹妹跟我一样喜欢唱歌。

[A + **跟** + B（+ **几乎** / **差不多**）+ **一样** + **形容词** / **动词短语**]

否定范例及结构

我的手机跟老师的不一样。

[A + **跟** + B + **不一样**]

柠檬跟橘子不一样酸。

[A + **跟** + B + **不一样** + **形容词**]

疑问范例及结构

汉语跟英语一样吗？

[A + **跟** + B + **一样** + **吗**]

汉语跟英语一样不一样?

[A + **跟** + B + **一样不一样**]

苹果跟西瓜一样甜吗?

[A + **跟** + B + **一样** + **形容词** + **吗**]

妹妹跟你一样喜欢唱歌吗?

[A + **跟** + B + **一样** + **动词短语** + **吗**]

操练

一、[给情境，说句子]

师：A 的中文名字是安娜，B 的中文名字也是安娜。

生：A 跟 B 的中文名字一样。

师：我跟爸爸都喜欢看书。

生：我跟爸爸一样喜欢看书。

师：坐火车需要 7 个小时，坐飞机需要 2 个小时。

生：坐火车跟坐飞机不一样快。

二、[看图说句子]

教师用 PPT 出示图片，让学生观察并说句子。目标语句如：

扫描二维码获取图片

1. 她的年龄跟他的年龄一样。
2. 她跟他一样大。
3. 她跟他一样学汉语。
4. 她跟他不一样高。

5. 她跟他一样高吗？

6. 我们的中文书跟老师的一样贵。

课堂活动

一、[掷骰子]

扫描二维码
获取图片

教师准备六组相似的图片和一个骰子，从 1 ～ 6 给六组图片编号。学生两人一组，掷骰子。

当两个人掷的数字不同时，学生们就一起说“A 的数字跟 B 的（数字）不一样”，或者说“他们的数字不一样”；当两个人掷的数字相同时，就要按照骰子上的数字找到对应编号的那组图片，并按图片内容用“A + 跟 + B + 一样 / 不一样（+ 形容词）”说两个句子。结束后换下一组学生继续进行游戏。

二、[看图说话]

扫描二维码
获取图片

教师提前打印好西瓜、苹果、柠檬、橘子等水果的图片，放在讲桌上。

教师先说句子做示范，如“苹果跟西瓜一样甜”。学生排成一队，逐一看图片表达自己的想法，如“苹果跟西瓜一样甜”“苹果跟西瓜不一样甜”“西瓜甜”“苹果甜”“柠檬跟橘子一样酸”“柠檬跟橘子不一样酸”“柠檬酸”“橘子酸”等。

三、[找相同与不同]

教师提前准备好红、黄、蓝、绿、粉等几种颜色的纸条，分给学生，每个学生将自己的名字、性别、年龄、爱好、国籍等写在纸条上交给老师。教师将纸条打乱顺序，让每个学生抽取一张，使用“A + 跟 + B + 一样 / 不一样（+ 形容词）”描述自己和这位同学的异同。

练习与测试

一、组句。

1. 一样　香蕉　西瓜　跟　甜

____

2. 吗　一样　跟　汉语　英语

____

3. 词典　我们　的　老师　的　跟　一样

____

二、选择合适的位置。

1. 我们的 A 中文书 B 老师的 C 一样贵 D。（跟）
2. 我的 A 爱好跟 B 她的 C 一样 D。（不）
3. 我 A 跟 B 爸爸 C 喜欢 D 看电影。（一样）

34 双宾语句

语法意义及功能

双宾语句是句中的谓语动词带两个宾语的句子。间接宾语一般指人，直接宾语一般指事物、话语等。双宾语句中的动词多具有“给予、取得、等同”等语义。

语法知识储备

一、通常情况下，包含“给予、取得、等同”等语义的动词，如“给、送、教、寄、赠、赏、吩咐、告诉、称、叫”等，可以进入双宾语句。例如：

1. 我给他一本书。

2. 小张告诉我一件事。

二、两个宾语的位置和语义特性是不同的：

1. 从距离远近来看，离谓语动词近的一般指人，叫近宾语；离谓语动词远的一般指物，叫远宾语。

2. 从与谓语动词的语义关系来看，指人的代词或名词与谓语具有间接的语义关系，也叫间接宾语；指物的名词与谓语具有直接的语义关系，也叫直接宾语。如“我给他一本书”中，“他”是近宾语、间接宾语，“一本书”是远宾语、直接宾语。

教学核心思路

一、循序渐进，温故知新，用动作引入，遵循训练加体验的原则。

二、首先演示动作，引导学生在不用“把”字句的情况下，尝试自己说出双宾语句；其次，在教学中借助图片、词卡、真实情境等引导学生练习双宾语句。讲授双宾语句时可以结合英语，例如“He sends me a gift. ”。通过对比学生可以建立两种语言的联系。注意，导入、操练和教学设计仅用汉语。

三、教学中应注意数量词遗漏的情况。

偏误

一、[**遗漏**] 包括数量词遗漏、近宾语遗漏、远宾语遗漏。

*我们准备了一个晚会，想给他惊喜。(数量词遗漏)

*当时的学生给他写信，告诉自己的情况。(近宾语遗漏)

*上课的时候，我借丽娜。(远宾语遗漏)

二、[**误用**] 动词的误用。包含“给予、取得、等同”等语义的动词才能带双宾语，下句中的“做”不能带双宾语。

*妈妈做了山田一件衣服。

三、[**错序**] 近宾语和远宾语顺序有误。

*我已经寄给一点儿中药您，妈妈一定要吃啊！

课堂描述

双宾语句是一个动词带两个宾语的句子。

导入

教师做“给学生一本书”的动作，让学生用“把”字句说出。

师：老师把一本书给他，如果不用“把”字句，我们可以怎么说？

生：老师给他一本书。

肯定范例及结构

老师给他一本书。

[主语 + 动词 + 间接宾语 + 直接宾语]

否定范例及结构

我没给他钱。

[主语 + 没（有）+ 动词 + 间接宾语 + 直接宾语]

疑问范例及结构

玛丽给约翰词典了吗？

[主语 + 动词 + 间接宾语 + 直接宾语 + 了 + 吗]

操练

教师出示图片，引导学生根据图片的内容说双宾语句。目标语句如：

扫描二维码获取图片

1. 老师教我们汉语。

2. 他给女朋友一束花。

3. 爸爸给他一本书。

4. 同学送我一件生日礼物。

课堂活动

一、[词卡游戏]

教师准备动词词卡，上面写着“给、送、教、问、告诉、回答、请教”等词，让每个学生抽签，用抽到的动词说一个双宾语句。

二、[送生日礼物]

教师把教室里可用的实物，如本子、笔、手机、笔袋、书，放在讲桌上，组织学生们为同学A准备生日宴会，每人选择一个实物作为生日礼物送给同学A，送礼物时要说出有双宾语的句子。

练习与测试

一、组句。

1. 送　他　一本　我　汉语书

____

2. 汉语　王老师　我们　教

____

3. 宝贝　叫　妈妈　他

____

二、改错。

1. 老师讲我们一个故事。

____

2. 老师通知一件事我们。

____

3. 妈妈买我一条裤子。

____

4. 小明打我一个电话。

____

5. 他还五块钱给我。

____

35 名词谓语句

语法意义及功能

名词谓语句是指谓语由名词或名词性短语充当的句子，常常用来描写事物的特点及状态。

语法知识储备

一、名词谓语句的谓语常由名词或名词短语、代词、数词、数量短语和“的”字短语等充当。

二、名词谓语句常用来说明天气、时间、节日、节气、姓名、年龄、籍贯、职称、方位、处所、容貌、性状等，如“今天星期三、他二十岁”等。

三、名词谓语句的主语和谓语之间没有“是”字，与“是”字句有别。

四、名词谓语句的否定形式是在谓语前加“不是”，如“今天不是星期三、这本书不是五十块钱”，只在否定、反驳对方的时候用。

教学核心思路

一、结合学生生活实际，用提问导入，精讲多练。

二、名词谓语句是汉语中的一种特殊类型，教学时可以通过学生实际生活中的例子导入。在课堂上进行大量操练，让学生熟悉该句型，同时也可以进行接龙游戏，让学生快速说出生活中的名词谓语句。

三、汉语学习者常常会出现在主语和名词谓语之间加“是”的偏误，教师要及时纠正。

偏误

[**误加**] 误加“的”。

* 我泰国人的。

* 我二十岁的。

* 明天清明节的。

课堂描述

名词谓语句是名词或名词短语做谓语的句子。

导入

[提问导入]

师：今天星期几？

生：今天星期五。

师：明天什么节日？

生：明天中秋节。

师：我们说的句子有动词吗？

生：没有动词。

师：这些句子中没有动词，谓语是名词或者名词短语，这种句子叫名词谓语句。

肯定范例及结构

今天星期五。

明天中秋节。

他今年二十岁。

[主语 + 名词 / 名词短语]

否定范例及结构

今天不是星期五。

明天不是中秋节。

他今年不是二十岁。

[主语 + 不是 + 名词 / 名词短语]

疑问范例及结构

今天星期五吗？

明天中秋节吗？

他今年二十岁吗？

[主语 + 名词 / 名词短语 + 吗]

操练

一、[快速提问]

师：(问生$_1$) 你的生日几月几号？

生$_1$：我的生日 2 月 23 号。

师：你问问同学。（请生$_1$问生$_2$）

生$_1$：你的生日几月几号？

生$_2$：我的生日4月1号。你的生日几月几号？

生$_3$：我的生日12月31号。老师，您的生日几月几号？

师：我的生日9月1号。

二、[模仿造句]

教师把学生分成两组，让学生选择天气、时间、节日、节气、姓名、年龄、籍贯中的一种情况，至少说出一个名词谓语句。教师可给出例句，让学生模仿。如：

1. 今天端午节。

2. 他高个子。

课堂活动

[接龙]

教师提出问题，选择学生回答，生$_1$回答后重复问题，选择生$_2$回答，依此类推。

问题如下：

1. 她十八岁，你呢？

2. 你的生日哪一天？

3. 她几年级？

练习与测试

请根据实际情况回答问题。

师：我中国人，你呢？

生$_1$：我英国人，你呢？

生$_2$：我韩国人，你呢？

……

36 “是……的”句（1）

语法意义及功能

“是……的”句表示强调，强调时间、地点、方式、对象、人物等。

语法知识储备

一、“是……的”句表示对过去发生的事件细节的强调。学习“是……的”句之前应该已经学过“了”。

二、“是……的”句中的宾语常常放在“的”的后面，人称代词做宾语时，放在“的”的前面。

三、在肯定句中，“是”一般可以省略，但“的”必须出现，否则句子的意义会发生变化。

教学核心思路

一、结合生活实际，遵循训练加体验的原则，通过提问导入，精讲多练。

二、通过对过去事件的回忆，利用对过去事件的时间、地点、方式、对象等的强调，引出“是……的”句；通过提问进行操练，提高熟练程度；最后设计“你问我答”游戏，通过真实的交际活动，把“是……的”句真正运用到生活中。

三、教学中注意“的”的遗漏问题。

偏误

一、[**遗漏**] 遗漏“的”。

* 我昨天是坐飞机来。

* 我是昨天上午来北京。

* 我上周是和同学一起去颐和园。

* 这件衣服是在网上买。

二、[**遗漏**] 否定形式漏用“是”。

* 我不从北京语言大学毕业的。

课堂描述

“是……的”表示强调。

导入

一、[教师根据情况快速提问]

师：你是几点来的？

师：你是从哪儿来的？

师：你是怎么来的？

师：你是自己来的吗？

二、[教师指定词语让学生造句回答问题]

1. 书包是什么时候买的？（去年）

2. 书包是在哪儿买的？（商场）

3. 书包是谁买的？（妈妈）

4. 书包是爸爸帮你买的吗？（不是）

5. 书包是和谁一起买的？（姐姐）

肯定范例及结构

强调时间：

我是7点50来的。

[**主语+是+时间+动词（+宾语）+的**]

强调地点：

我是从英国来的。

[**主语+是+地点+动词（+宾语）+的**]

强调方式：

我是骑车来的。

[**主语+是+方式+动词（+宾语）+的**]

强调对象：

我是和他来的。

[**主语+是+对象+动词（+宾语）+的**]

强调人物：

这是爸爸送的。

[主语 + 是 + 人物 + 动词（+ 宾语）+ 的]

否定范例及结构

否认时间：

我不是 7 点 50 来的。

[主语 + 不是 + 时间 + 动词（+ 宾语）+ 的]

否认地点：

我不是从英国来的。

[主语 + 不是 + 地点 + 动词（+ 宾语）+ 的]

否认方式：

我不是骑车来的。

[主语 + 不是 + 方式 + 动词（+ 宾语）+ 的]

否认对象：

我不是和他来的。

[主语 + 不是 + 对象 + 动词（+ 宾语）+ 的]

否认人物：

这不是爸爸送的。

[主语 + 不是 + 人物 + 动词（+ 宾语）+ 的]

疑问范例及结构

询问时间：

你是 7 点 50 来的吗？

[主语＋是＋时间＋动词（＋宾语）＋的＋吗]

询问地点：

你是从英国来的吗？

[主语＋是＋地点＋动词（＋宾语）＋的＋吗]

询问方式：

你是骑车来的吗？

[主语＋是＋方式＋动词（＋宾语）＋的＋吗]

询问对象：

你是和他来的吗？

[主语＋是＋对象＋动词（＋宾语）＋的＋吗]

询问人物：

这是爸爸送的吗？

[主语＋是＋人物＋动词（＋宾语）＋的＋吗]

操练

一、[快速提问]

教师根据实际情况快速提问。比如：

1. 你是几点来的？
2. 你是从哪儿来的？
3. 你是怎么来的？
4. 你是自己来的吗？

二、[快速提问]

教师提问，要求学生用指定词语造句回答。

1. 手机是什么时候买的？（前年）

2. 手机是在哪儿买的？（北京）

3. 手机是谁买的？（我自己）

4. 手机是爸爸帮你买的吗？（不是）

5. 手机是和谁一起买的？（姐姐）

三、[互问操练]

学生两人一组，选择同学的物品自由提问。

课堂活动

[互相问候游戏]

学生两人一组，表演早上到学校后互相问候的场景，用“是……的”句式询问同学来学校的时间、方式等。

练习与测试

一、组句。

教师准备若干组词卡，例如其中一组词卡上分别是“我、来、是、英国、从、的”6个词语。请6个学生分别抽取一张词卡并快速排列成一个句子，其他学生检查是否正确。如果正确，就要大声读出这个句子；如果不对，则改正。

二、词卡替换练习。

以上面的练习为基础，再准备一些词卡，如“德国、你、去”等，替换之前的词卡，让学生抽签，组成新的句子。

三、卡片排序。

教师提前准备若干组词卡，如其中一组词卡上分别是“我、是、早上、8 点、来、的”，请 6 个学生各抽取一张词卡并读出上面的词语，再请另外 1 个学生给抽取词卡的 6 个学生排序，组成一个正确的句子。

37 表存在的“有”字句

语法意义及功能

表示某处存在某物或某人。

语法知识储备

一、“有”字的语义十分丰富，可以表领有、存在、评价和比较等意义。

二、表存在的“有”字句常见句型为“处所词 + 有（+ 数量短语）+ 名词短语”。

三、在表存在的“有”字句中，存在的人或物一般是无定的，比如可以说“教室里有一位老师”，不能说“教室里有王老师”。

教学核心思路

一、采用以旧带新的方法引入，并结合情境，采用问答法进行操练。

二、用表领有的“有”字句引入表存在的“有”字句，以此让学生明白“有”字句表存在的意义，然后进行操练，让学生掌握该句型。

三、注意：学生容易出现在句首的处所词前加“在”或者处所词后不加方位词等偏误，教师讲练时要注意纠正。

偏误

一、[**遗漏**] 遗漏方位词或者遗漏“有”字。

* 桌子有很多书。

* 宿舍里一个人。

二、[**误加**] 误加数量短语。“有”字句的否定结构中，不强调数量时，充当宾语的名词前不需加数量短语。

* 桌子上没有一瓶水。

* 墙上没有一张照片。

三、[**误加**] 处所词前误加“在”等介词。

* 在房间里有一张床。

* 在桌子上有很多电脑。

课堂描述

表示什么地方存在什么人或东西。

导入

以旧带新，教师先引出表领有的“有”字句，然后过渡到主语为处所的句子。

师：我有一个杯子。你有什么？

生：我有书。

师：桌子上有什么？

生：桌子上有两本书。（教师板书例句）

师：桌子上有书包吗？

生：桌子上没有书包。（教师板书例句）

师：（一边说，一边在例句上画线）“桌子上”是地方，“两本书”是东西，这个句子表示什么地方有什么东西。（教师可以多举几个例句后再总结句子结构）

肯定范例及结构

桌子上有两本书。

[处所＋有（＋数量短语）＋宾语]

否定范例及结构

桌子上没有书。

[处所＋没有＋宾语]

疑问范例及结构

桌子上有书吗？

桌子上有书没有？

[处所＋有＋宾语＋吗／没有]

操练

一、[用教室或图片里的场景快速提问]

1. 教室里有什么？

2. 桌子上有什么？

3. 柜子里有什么？

4. 墙上有什么？

二、[学生互问互答]

1. 书包里有什么？

2. 冰箱里有什么？

课堂活动

一、[随机拼句]

将学生分为两组，每组按人数分卡片。一组负责在每张卡片上写一个处所，如“桌子下面、书架上、笔袋里”；另一组负责在每张卡片上写“数＋量＋名”结构，如“一位同学、两只小猫、一瓶饮料”。写完后教师收集起来，分别放在两个盒子里，然后每个学生在两个盒子里各抽一张卡片，说出“有”字句，如“笔袋里有一瓶饮料”。

二、[我说你画]

学生两人一组，其中学生 A 会拿到教师准备的房间图片，学生 B 则得到一张空白纸。学生 A 用“有”字句描述房间，学生 B 根据描述在空白纸上画出并大声说出来。

练习与测试

一、组句。

1. 学生　二十　个　有　教室　里

____

2. 桌子上　电脑　没有

____

3. 玩具　椅子　下　有

____

二、选词填空。

A. 有　　B. 在

1. 学校附近________一个超市。

2. 超市________学校附近。

38 存现句

语法意义及功能

表示某处或某时存在、出现或消失某人或某物。

语法知识储备

一、存现句可以分为两类：一类是表示人或事物存在的，叫存在句；一类是表示人或事物出现或消失的，有人称之为隐现句。

二、存现句的常用句型为“处所 / 时间 + 动词（+ 数量短语）+ 名词”。

三、句首的处所词或时间词是不可缺少的，一般由方位短语、处所名词、时间名词、表示处所的代词等充当。处所词或者时间词前不用介词“从”或“在”。比如，可以说“桌子上放着一本书”，不能说“在桌子上放着一本书”。

四、表示存在时，句中的动词多是具有持续意义的，如“坐、站、躺”等表示人或物体静止状态的动词或者“放、贴、挂”等表示安放物体的动词，动词后常带动态助词“着”。

五、表示出现或消失时，句中的动词多跟物体移动有关，动词后常带趋向补语、结果补语或动态助词“了”。

六、句尾名词所表示的事物一般是新信息，名词前常有不确指的数量短语或其他定语。比如，可以说“桌子上放着一本书”，不能说“桌子上放着这本书”。

教学核心思路

一、使用以旧带新、对比、问答的方法引入和讲解。

二、先用表存在的“有”字句引出静态存在句“动词+着”，这样方便比较两者之间的不同；前者学生很容易理解，后者的基本义也是表静态的存在，只是更强调具体的存在方式；最后用动图或者视频来引入表出现或消失的存现句，这样学生易于理解该类句子表动态的特性。

三、用表示存在的“有”字句来引入有两个好处：(1) 如果之前讲“有”字句的时候没有涉及表存在的“有”，那么可以在这里讲解该语言点；(2) 如果已经讲过，正好以旧带新，帮助学生理解用别的动词来表达存现的句子。

偏误

一、[**误加**] 误加“在、从”。

* 在桌子上放着很多书。

* 从外面进来一个学生。

二、[**误加**] “着”和趋向补语或结果补语并用造成偏误。

* 前面走着过去一个老人和一个孩子。

课堂描述

存现句是表达人或事物存在、出现、消失的句子，比如：“桌子上放着一本书。”“前面开过来一辆车。”

导入

扫描二维码获取图片

教师展示一张图片，图片上是一个房间，就房间的布置提问。

师：墙上有什么？

生：墙上有两幅画。（教师板书例句）

师：桌子上有什么？

生：桌子上有一个电脑。（教师板书例句）

（教师做动作，把一幅画挂在墙上）

师：画挂着还是贴着？

生：挂着。

教师用其他颜色的笔将例句“墙上有两幅画”中的“有”改为“挂着”。用同样的方法再引出例句“桌子上放着一个电脑”。

教师概括出这类句子的结构为“处所 + 动词 + 着 + 名词”，并告诉学生这样的句子同“有”字句相比，能具体说明存在的方式。

教师展示一张一辆车迎面而来的动图，引导学生说出例句“前面开过来一辆车”；再展示一张搬家的动图，引导学生说出例句“楼里搬走了一家人”。

教师概括：“处所 + 动词 + 趋向补语 / 结果补语……+ 名词”这样的句子表示什么地方出现或者消失了什么人或者东西。

肯定范例及结构

墙上贴着一张照片。

[**处所** + **动词** + **着**（+ **数量短语**）+ **名词**]

前面开过来一辆车。

[处所 + 动词 + 趋向补语 + 数量短语 + 名词]

楼里搬走了一家人。

[处所 + 动词 + 结果补语 + 数量短语 + 名词]

操练

一、[教师展示房间图片，快速提问]

扫描二维码获取图片

1. 房间里有什么？
2. 桌子上放着什么？
3. 柜子里挂着什么？

二、[变换练习]

1. 学生们从教室里走出来。⟶ 教室里走出来很多学生。
2. 有只鸟从远处飞过来了。⟶ 远处飞过来一只鸟。
3. 有些人从楼下跑上来。⟶ 楼下跑上来一些人。

课堂活动

一、[抢答]

全班学生分为两组，教师出示图片或动图，学生抢答，说出相应的存现句。说对了，则所属的组得分；说错了，所属的组则要扣分。最后得分高的组获胜。

注意：隐现句的产出是学生的难点，尽量多选用一些动图，让学生多练习说隐现句。

二、[我来解说]

选择一段适合用存现句描述的短视频，把学生分成若干组，让他们观看视频后一起为视频配字幕，并写下来。所有写对的句子都可以得分，鼓励多用存现句，凡是使用得当的存现句都可双倍得分。最后根据分数，评选出最佳解说词。

如果现成的视频不好找，教师可以自己拍摄或者剪辑一些视频，有幽默效果的更好。

练习与测试

一、组句。

1. 桌子　十张　摆着　教室里

____

2. 地图　墙上　一张　贴着

____

3. 一个　马路　对面　跑　小孩儿　过来

____

二、选词填空。

1. 远处飞______一群鸟。　（A. 过来　B. 有）

2. 楼里搬______了三家人。（A. 着　B. 走）

3. 大厅里摆______几盆花。（A. 着　B. 过来）

39 主谓谓语句

语法意义及功能

主谓谓语句是由主谓短语充当谓语的句子，对人、事物、处所等从某一方面进行说明、解释、描写、评议、判断。

语法知识储备

一、主谓谓语句的主语（称为大主语）和主谓短语里面的主语（称为小主语）之间有多种语义关系，在教学中重点讲解以下两种：

1. 大主语和小主语有广义的领属关系，如"她眼睛很大"。

2. 小主语是动词性词语，与大主语可以构成主谓关系，如"小明学习认真"。

二、主谓谓语句中可以有状语，状语可以放在句首，也可以放在大主语后、大谓语前，如"她突然肚子疼""半年来，她一直学习很努力"。

三、主谓谓语句的小谓语也可以有状语，如"她个子不高""我学习很努力"。

教学核心思路

一、结合生活实际，使用图片或视频导入，然后讲解操练。

二、教师要在分析主谓谓语句基本结构的基础上，形象、直观地为学生揭示它的语义关系，重视语段层面的练习，最终引导学生领会和掌握主谓谓语句的用法。

三、因为主谓谓语句的主要功能是针对某个话题，从某个或多个方面进行说明，所以不管是导入讲解还是操练，都要注意话题的选择，选择的标准就是要方便学生用主谓结构对其进行多方面的描述。

偏误

［**误加**］误加“的”。在主谓谓语句中，有的大主语和小主语之间虽然存在领属关系，但不需要加“的”，否则有时会造成主谓不一致。

*他的个子很高，眼睛大大的，是个漂亮的小伙子。

课堂描述

主谓谓语句用主谓短语说明人或事物的情况。

导入

扫描二维码获取图片

师：（教师展示病人看病的图片）小王去看医生，他怎么了？

生：他肚子不舒服、头疼。（教师板书时，用总分的形式，先写“他”，然后写两个分支，分别为“肚子不舒服、头疼”）

师：同学们看，“他”是一个大主语，“肚子不舒服、头疼”都说明“他”怎么了。同时，“肚子不舒服、头疼”又是一个小句。我们今天就要学习用这样的结构来说明一个人或者一个地方怎么了、怎么样。

肯定范例及结构

他身体很好。

[大主语 + 小主语 + 谓语]

否定范例及结构

他身体不好。

[大主语 + 小主语 + 不 / 没（有）+ 谓语]

疑问范例及结构

他身体好吗？

[大主语 + 小主语 + 谓语 + 吗]

操练

一、[师问生答]

教师提供某一话题，让学生围绕这个话题用主谓谓语句进行讨论。比如教师先问："你们觉得我们学校怎么样？"然后板书"我们学校"，相当于大主语（话题），接着引导学生说出一些主谓结构的句子，比如"校园很干净、留学生很多、食堂的饭菜还不错"等。教师把这些句子板书在"我们学校"后面，形成主谓谓语句。最后，让学生齐读一遍。教师也可以展示人物图片，让学生对人物进行描述，如"她头发长长的，眼睛大大的"。

二、[抽签说句子]

教师准备若干纸条，每个纸条上是一个话题，比如“XX 超市、XXX（班上同学的姓名）”等。学生逐一抽纸条，并根据抽中的话题说一句主谓谓语句。

课堂活动

一、[介绍家人]

要求学生用主谓谓语句介绍自己家庭成员的特征，比如：“我爸爸个子很高。我妈妈性格很好。我妹妹头发很长。我弟弟学习很努力。”

二、[租房]

将学生分为中介组和租房组，每组的人数视情况而定，两人一组比较理想。租房组会得到一张卡片，上面是一些需要补充的租房要求，如几室几厅、到某个地方的距离、交通、周围的环境、租金。租房组把这些要求补充完整，然后去找中介组租房。中介组也会得到三到四张卡片，一张卡片对应一套房子的房源信息，比如“A 房：1 室 1 厅；到学校的距离（3 公里）；交通（方便，有地铁和公交车）；周围的环境（有点儿吵）；租金（每个月 5000 块）”。中介组先问：“您想租什么样的房子？”租房组提出要求：“我想租……室……厅的房子，这个房子距离……，交通……，周围的环境……，租金……”中介组选择匹配的房源，然后给租房组介绍：“XX 房是……室……厅，距离学校……，交通……，周围环境……，租金……”最后租房组决定成交与否。

注意：租房组卡片和中介组卡片的格式相同，区别在于租房组需要学生填写信息，而中介组卡片上的信息由教师提供。

练习与测试

一、用主谓结构完成句子。

1. 这件衣服________________________________。

2. 那家超市________________________________。

3. 东门旁边那家饭馆__________________________。

二、组句。

1. 身体　他　舒服　不

____

2. 妹妹　长长　头发　的

____

3. 房子　这套　很　租金　贵

____

40 “把”字句（1）

语法意义及功能

“把”字句（1）表示物体的移位，强调说话者故意让物体的位置发生变化，产生空间位移。

语法知识储备

一、学“把”字句（1）以前，学生应已学习过介词短语“在/到+地点”和趋向补语。

二、“把”字句是汉语语法的难点之一，为便于学生掌握，应按照难易程度拆分为几次课分别讲练。一定不要一次讲授多个类型的“把”字句，以免囫囵吞枣。

三、“把”字句（1）包括如下两种情况：

1. 主语+把+宾语+动词+在/到+地点；

2. 主语+把+宾语+动词+趋向补语。

四、新手教师需要注意：“把”字句句尾有没有“了”，跟时间和动作完成与否有关。如果是命令祈使句，句尾没有“了”，因为动作尚未发生；如果处置动作已经做完了，用“把”字句表述出来时，肯定句的句尾需有“了”。（本语言点的导入和操练环节有详细的举例区分）

五、在“把”字句的否定形式中，否定词语“没、别、不要、不想”应该放在“把”的前边，同时句尾不能出现“了”。

六、“把”字句中“把”后的宾语必须是有定的，或者是根据上下文说话人和听话人都明确的、已知的。

教学核心思路

一、依据复习内容应与新授语言点密切相关的教学思路，遵循循序渐进、语言点细分再逐一讲练的教学原则，突出情境教学法。

二、讲授新课之前需要考虑内容衔接。在复习环节，建议教师带领学生快速复习本课要用到的趋向补语“进去、进来、出去、回来、过来、起来”等。

讲授新内容“把”字句（1）时，建议用问答法导入。首先导入“主语 + 把 + 宾语 + 动词 + 在 / 到 + 地点”的用法，即用“到 + 地点”表示物体的新位置；其次，再导入“主语 + 把 + 宾语 + 动词 + 趋向补语”的用法，即用趋向补语表示物体的空间位移。

三、注意：“把”字句（1）中被移动的物体是有定的，“几本书”等无定短语不能进入“把”字句（1）中做宾语。

在真实的教学课堂中，教师最好能画图或亲自做动作展示“说话者让物体的位置发生变化，即产生了空间位移”这一意义。

偏误

一、[**遗漏**] 学生回避使用“把”。

* 我想这个椅子搬到一楼。

二、[**错序**] 否定词“没、别、不”的位置有误。

* 妈妈把手机没放在桌子上。

三、[**误用**]“把”字句中“把”后的宾语错误地使用了无定名词短语。

* 奶奶把几本汉语书放在椅子上了。

课堂描述

“把”字句（1）表示让物体的位置发生变化。

导入

[情境导入]

师：老师在做什么？

生：老师在搬桌子。

师：桌子搬到哪里？

生：桌子搬到前边。

师：老师把桌子搬到前边了。（板书）

（教师准备一个废纸球，做动作扔到垃圾桶里）

师：纸扔进去了吗？

生：纸扔进去了。

师：老师把纸扔进去了。（板书）

肯定范例及结构

老师把书放在桌子上了。

把画贴到墙上吧。

[(主语+) 把+宾语+动词+在/到+地点(+其他)]

老师把纸扔进去了。

把车开过来。

[(主语+) 把+宾语+动词+趋向补语(+其他)]

否定范例及结构

你别把书放在这儿。

不能把手机放到外面。

[(主语+) 没(有)/别/不要/不想/不能+把+宾语+动词+在/到+地点]

他没把食物带进来。

别把手机放进去。

[(主语+) 没(有)/别/不要/不想/不能+把+宾语+动词+趋向补语]

在"把"字句中，能愿动词要放在"把"之前；否定时，"不+能愿动词"构成"不要、不想、不能"等，也要放在"把"之前。

疑问范例及结构

老师把书放在哪儿了？

你把画贴到哪儿了？

老师把纸扔哪儿了？

[主语 + 把 + 宾语 + 动词（+ 在 / 到）+ 哪儿（+ 了）]

操练

一、[看图说话]

教师用 PPT 展示整理前、整理后的客厅对比图，让学生说出主人做了哪些事。例如：

扫描二维码获取图片

1. 他把画贴到墙上了。
2. 他把书放在书架上了。
3. 他把笔放到笔袋里了。
4. 他把苹果放在桌子上了。

二、[老师说，学生做]

操练祈使语气的“把”字句。例如：

1. 把手举起来。
2. 把杯子拿出去。
3. 把书拿过来。
4. 把杯子拿回来。
5. 把手机拿出去。

三、[你说我做]

教师提前在 PPT 或黑板上写出句子，两个学生一组，一个学生读句子，一个学生做动作。如：

1. 把笔放在桌子上。

2. 把水杯放在书上。

3. 把书放到书包里。

4. 把手机放到书包里。

课堂活动

一、[背对背猜一猜]

教师准备若干句子卡片和名词卡片，让两位学生背对背站到黑板前，学生 A 脸朝向黑板，从句子卡片里抽一张。比如，学生 A 抽中的句子卡片是"她把书放进书包里了"，这个句子只有教师和学生 A 知道；学生 B 脸朝向其他学生，教师把写着"书"字的名词卡片发给学生 B，并展示给其他学生看；其他学生一起问："她把书放在哪儿了？"然后学生 B 说出自己的猜测，比如"她把书放在桌子上了"。学生 A 回答："不对，我没把书放在桌子上。"大家继续一起问："她把书放在哪儿了？"学生 B 继续猜，一共可以猜三次。第一次猜中得 10 分，第二次猜中得 7 分，第三次猜中得 4 分，三次都没猜中得 1 分辛苦分。

二、[过生日布置房间]

教师提前准备好五种礼物，让学生说一说应该放在哪里。比如五种礼物分别是生日蛋糕、书、果汁、巧克力、花。

练习与测试

教师播放几组视频片段（也可以是教师自己提前录制下来的视频），让学生配音并完成下面的句子。

1. 妈妈__________。（把菜放到冰箱里了）

2. 他没__________，他把球踢到桌子下面了。（把球放到包里）

3. 爸爸 __________。（没把电脑打开）

4. 妈妈把手机__________。（放到桌子上了）

41 "把"字句（2）

语法意义及功能

"把"字句（2）表示东西从一个人转移到另一个人，所属关系发生改变。

语法知识储备

一、学习"把"字句（2）之前，学生应该已学过生词"给"的用法。"把"字句是汉语语法的难点之一，为便于学生掌握，应按照难易程度拆分为几次课分别讲练。

二、"把"字句（2）主要讲解"主语＋把＋宾语＋动词＋给＋人/地方"的用法，表达物体所属关系的转移，适用于传递物品等情境。

三、新手教师举例时请注意："主语＋把＋宾语＋动词＋给＋人/地方"这个结构里的"地方"具有人领属的特质，如"图书馆、国家、学校"等。

教学核心思路

一、"把"字句（2）即"主语＋把＋宾语＋动词＋给＋人/地方"与"把"字句（1）分开讲练，更能体现精讲多练、练透用透的教学理念，这样做的目标是使学生输出自动化。建议新手教师在复习环节重点巩固"把"字句（1）的用法，教学时则只讲练"把"字句（2），尽量不要混在一起，学习、操练的内容越集中，越便于学生掌握。

二、采用实物法开展教学，结合动作问答法导入。既然是物品的所属关系发生变化，教师就可以将一瓶水、写好的纸卡、写好的书法作品、剪好的剪纸等送给学生，创设真实的情境。此外，还可巧妙地利用在课堂上收发作业的真实情境来操练“把”字句（2）。

三、注意：“把”字句（2）中的宾语所指的物品、东西都是有定的，或者是说话人和听话人双方都知道的、确定的，无定短语不能进入“把”字句（2）中做宾语。

偏误

一、[**错序**] 否定词“没、别、不”的位置有误。

* 妈妈把手机没送给我。

二、[**误用**]“把”字句中“把”后的宾语错误地使用了无定名词短语。

* 儿子把几本作业交给老师了。

课堂描述

“把”字句（2）表示东西从一个人转移到另一个人。

导入

[真实情境导入]

师：（拿一瓶水）老师在拿什么？

生：拿水。

师：（把水拿给学生安娜）水拿给谁？

生：水拿给安娜。

师：老师把水拿给安娜了。（板书）

肯定范例及结构

我把书还给图书馆了。

把作业交给我。

[（主语＋）把＋宾语＋动词＋给（＋了）＋人/地方（＋了）]

否定范例及结构

他没把书还给图书馆。

别把这本书借给他。

[（主语＋）没（有）/别/不要/不想/不能＋把＋宾语＋动词＋给＋人/地方]

在“把”字句中，能愿动词要放在“把”之前；否定时，“不＋能愿动词”构成“不要、不想、不能”等，也要放在“把”之前。

疑问范例及结构

你把手机交给谁了？

[主语＋把＋宾语＋动词＋给＋谁（＋了）]

你们把作业交给老师了吗？

[主语＋把＋宾语＋动词＋给＋人/地方（＋了）＋吗]

操练

一、[看图说话]

扫描二维码
获取图片

教师用 PPT 展示两幅图，图 1 是学生 A、学生 B 和他们拥有的东西，图 2 是他们交换东西后的样子，让学生说出他们相互送了什么。例如：

1. A 把书送给了 B。

2. A 把帽子送给了 B。

3. B 把笔送给了 A。

二、[看视频，说句子]

教师播放几组视频片段（可以是教师自己录制的视频），让学生说说视频里的人做了什么。每组练习 2 ～ 3 个句子。例如：

1. 他没把作业交给老师，他交给安娜了。

2. 儿子没把手机送给爸爸，他把手机送给妈妈了。

3. 我把钱借给他了。

4. 你们不用把作业交给我。

课堂活动

一、[一条龙接力]

将学生分成两组，每组学生 A 说句子，学生 B 做动作，然后学生 B 说句子，学生 C 做动作，依此类推，一条龙接力。句子以本次课学的“把”字句（2）为主，也可以用学过的“把”字句（1）。两分钟为一个计时单位，看两分钟内哪组说出的不同的句子最多。

二、[角色扮演]

教师准备几张词卡，上面写上“医生、学生、老师”等身份，让不同的学生扮演不同的身份进行游戏。以其中一组为例，让学生 1、2 随机选择身份并装扮起来，比如医生戴医生帽、学生背书包等。另外两个学生 A、B 随机抽纸条，纸条上画有各个身份对应的物品，比如医生帽、警察帽、安全帽、作业等。

学生 A、B 把自己的纸条交给正确的人并说句子。例如“我把作业还给学生了”“我把医生帽拿给医生了”。

学生 1、2 一边把自己的装扮送给学生 A、B，一边说句子，比如“我把书包送给 XX 了”等。

一组一组进行，直到全班学生都参与了游戏为止。

练习与测试

选择合适的位置。

1. 她没 A 把 B 作业交 C 安娜 D。（给）

2. 儿子 A 把手机 B 送给 C 爸爸，他把 D 手机送给妈妈了。（没）

3. 快 A 告诉我吧，B 你 C 自行车 D 借给谁了？（把）

4. 你 A 用 B 把手机 C 交给我，D 交给班长就行。（不）

42 “把”字句（3）

语法意义及功能

“把”字句（3）强调事物自身形态、性质等的变化结果。

语法知识储备

一、学生在学习“把”字句（3）前，必须掌握结果补语和语言点“了”。

二、“把”字句（3）的内容包括“主语＋把＋宾语＋动词＋结果补语”和“主语＋把＋宾语＋动词＋了”。

教学核心思路

一、核心思路是循序渐进，温故再学新、练新。

二、建议教师首先带领学生复习将会用到的重要动词“丢、忘”和结果补语“完、上、干净、清楚、掉、成”等。其次，通过动作、问答创设真实情境导入语言点，先教授“主语＋把＋宾语＋动词＋了”，再教授“主语＋把＋宾语＋动词＋结果补语＋了”，然后教“主语＋把＋宾语＋动词＋成＋名词＋了”。这样安排可以使学习的“把”字句（3）逐步加长。最后进行操练，完成课堂活动及练习。

三、在这些教学环节中，教师需注意难度的梯度把控：先使学生掌握好本课讲练的新语言点，即“把”字句（3），再进行“把”字句（1）、

“把”字句（2）和“把”字句（3）融在一起的综合训练。

偏误

一、[**遗漏**]“了”、补语等成分残缺。

* 我把水喝。

* 我把衣服洗。

二、[**误用**] 否定词“不、没”误用，或“不”后缺少能愿动词。

* 他不把饭吃完。

（注：学生想表达的可能是“他不能把饭吃完”或“他没把饭吃完”）

课堂描述

“把”字句（3）强调事物的变化结果。

导入

[真实情境导入]

教师提前准备一小杯水，让学生看一看里面有没有水，然后教师把水喝完。

师：用“把”字句说，老师做什么了？

生：老师把水喝了。（教师板书例句）

师：水喝完了吗？

生：水喝完了。

师：老师把水喝完了。

师：你们写完作业了吗？

生：我们写完作业了。

师：用“把”字句怎么说？

生：我们把作业写完了。（教师板书例句）

师：“大”怎么写？（教师**故意**在黑板上写“太”）这是“大”吗？

生：不是，这是“太”。

师：老师把“大”写成什么了？

生：老师把“大”写成“太”了。

肯定范例及结构

老师把水喝了。

[**主语** + **把** + **宾语** + **动词** + **了**]

我们把作业写完了。

[**主语** + **把** + **宾语** + **动词** + **结果补语** + **了**]

老师把“大”写成“太”了。

[**主语** + **把** + **宾语** + **动词** + **成**（+ **了**）+ **名词**（+ **了**）]

否定范例及结构

别把生词忘了。

不要把手机丢了。

她没把作业写完。

[(主语 +) 别 / 没(有) / 不要 / 不想 + 把 + 宾语 + 动词(+ 结果补语)(+ 了)]

我没把“大”写成“太”。

不要把“午饭”写成“牛饭”。

[(主语 +) 别 / 没(有) / 不要 / 不想 + 把 + 宾语 + 动词 + 成 + 名词]

在“把”字句中，能愿动词要放在“把”之前；否定时，“不 + 能愿动词”构成“不要、不想、不能”等，也要放在“把”之前。

疑问范例及结构

你把生词忘了吗？

你们把作业写完了吗？

[主语 + 把 + 宾语 + 动词（+ 结果补语）+ 了 + 吗]

你把“大”写成什么了？

[主语 + 把 + 宾语 + 动词 + 成 + 什么 + 了]

你把美元换成人民币了吗？

[主语 + 把 + 宾语 + 动词 + 成 + 名词 + 了 + 吗]

操练

一、[看图说句子]

扫描二维码获取图片

教师用 PPT 展示图片，并提供个别的提示词和句型结构，要求学生看图说句子。目标语句如下：

1. 她把钱丢了。

2. 他把门关上了。

3. 他们把烤鸭吃完了。

4. 他把蛋糕切成了四块。

5. 她把美元换成了人民币。

6. 老师把英文翻译成了中文。

二、[猜一猜]

扫描二维码获取图片

找一些带有迷惑性的图，如豆腐做的菜、人假扮的熊猫等，问学生这是什么，再告诉他们正确答案，让学生说句子。目标语句如下：

1. 我把豆腐看成肉了。

2. 我把他看成大熊猫了。

3. 我把“RFC”看成“KFC”了。

4. 她把“午饭”写成“牛饭”了。

课堂活动

一、[对对碰]

教师准备红、黄、绿、蓝、橙、粉六种颜色的卡片，每种颜色的卡片两张，并在每张卡片背面写好提示词语，同一种颜色的卡片所给词语可以用“把”字句完成句子。比如两张红色卡片上分别写的是“衣服”“洗、完、干净”，黄色卡片上是“窗户”“关、上”，绿色卡片上是“手机”“卖”，蓝色卡片是“苹果”“吃、完”，橙色卡片上是“蛋糕”“切、成”，粉色卡片上是“衣服”“换、成、M 码”。

先让十二名学生每人随机抽一张卡片，然后开始第一轮游戏。

抽到红色卡片的学生找另外一个拿着红色卡片的学生，依此类推，然后拿红、黄、绿三种颜色的卡片的学生组成A组，拿蓝、橙、粉三种颜色的组成B组。看看哪个组在限定的两分钟里说出的“把”字句更多、更好。

一轮活动结束后，换另外一组再进行一次，直到班里每个学生都参与了活动。

二、[一起做菜]

学生两人一组，共同展示怎么做一道菜。

先看一段教师做炒土豆丝的视频，教师一边炒一边说：“先把……洗……，再把……切……，把……也切……，把油倒进锅里，再把土豆丝和葱丝一起倒进……，用力炒，做好了，把……盛到盘子里。”

让学生准备两分钟，至少准备三个“把”字句，然后一组一组地表演。

练习与测试

一、用“把”字句说说出门旅游之前需要做什么，请说出4～5个“把”字句。

1. 要把衣服____________________。

2. 把垃圾____________________。

3. 要把手机____________________。

4. 把钥匙____________________。

5. 把雨伞________________。

6. 把灯________________。

7. 把门________________。

二、看一段视频，说说他们为了过春节做了哪些准备。

1. ____________把对联________________。

2. ____________把“福”字____________。

3. ____________把灯笼________________。

注意：

1. 教师应先带领学生扫除生词障碍，比如“灯笼、打扫、‘福’字、对联、贴、饺子”；播放视频时，教师在视频的关键句和关键情境处暂停，给学生留出反应并说出句子的时间。

2. 教师也可以提前打印好视频中的一系列“把”字句，在关键处留空，让学生们口头说完上述句子之后，再将句子写下来。

3. 实际教学或口头测试或书面测试时，教师可根据学生的实际水平灵活把握。“把”字句（1）、“把”字句（2）、“把”字句（3）可以放在这个练习中综合检测。

43 "被"字句

语法意义及功能

"被"字句是在核心动词前面用介词"被（叫、让）"引出施事或单用"被"的主谓句，表示东西或人被处置。

语法知识储备

一、"被"字句一般表示被处置，多含不如意、不愉快的意思。"被"字句中的动词为及物动词，有处置性，且动词后面多有补语或其他成分。

二、"被"字后为动作的施事，当不需要强调时，施事可以省略。

三、当句中有否定副词、能愿动词时，如"没、可能"等，要把它们放在"被"的前面。

四、口语中，可以用"叫、让"代替"被"，但"叫、让"后面的施事必须出现。

教学核心思路

一、结合情境，通过主动和被动的转换进行讲练。例如，导入和讲练时教师可以提问施事做了什么，让学生用主动句回答，然后教师接着问受事怎么了，并引导学生用被动句回答，让学生体会"被"字句是以受事为主角陈述它受到的影响的。

二、通过主动和被动的对比转换，学生可以理解并掌握"被"字句的结构。同时，通过大量的练习，学生可以体会“被”字句一般带有不愉快、不如意的感情色彩。

三、注意：当施事、受事均为人时，学生容易发生混淆，教师讲练时要加强区别。

偏误

一、[**遗漏**] 该用“被”字句而未用。

*后来，这件事发现了。

二、[**误加**]“被”字句多用于表达处置，动词多含不如意、不愉快之意，例句中“水平提高”是好事，不需用“被”字句。

*在这里，我每天都要学汉语、说汉语，所以我的汉语水平被提高得很快。

三、[**错序**] 施事位置有误。“被”字句中有施事时，应该把施事放在“被”字之后。另外，注意施事和受事的顺序不要混淆。

*最近，我被咬了一条大狗。

*裁判被9号罚了一张红牌。

课堂描述

“被”字句是动词前有“被”字的句子，表示被动，多表示不好的结果。

导入

师：我做了什么？

生：老师撞倒了椅子。(教师板书例句)

师：椅子怎么了？

生：椅子倒了。

师：对，是因为撞才倒的，所以我们说“椅子撞倒了”。(板书，“椅子”和“撞倒”之间要留出位置）谁干的？

生：老师。

师：对，椅子被老师撞倒了。(用其他颜色的笔在相应位置板书“被老师”)

师：(教师再做一个撞椅子、但椅子没撞倒的动作）椅子被老师撞倒了吗？

生：没有。

师：椅子没有被老师撞倒。(板书,“没有”用其他颜色的笔书写)

下面这部分主要是导入“被”字句主语是人的例子，可以视情况取舍。

师：(教师展示运动员被裁判出示红牌罚下场的图片）裁判做了什么？

生：裁判把9号罚下去了。(教师引导学生说出这个“把”字句)

师：9号怎么了？

生：9号下去了。

师：9号罚下去了，是裁判罚的，所以我们说“9号被裁判罚下去了”。（先写“9号”“罚下去”，然后用其他颜色的笔写“被裁判”，最后教师可以在肯定句的下方写“没有”，把否定式引导出来）

教师通过主动句和“被”字句的对比，总结出“被”字句的结构特征；并指出在口语中还可以用“叫、让”，作用跟“被”相同，其区别在于“被”后的施事可以省略，而“叫、让”后的施事不能省略。

肯定范例及结构

钱包被小偷偷走了。

钱包叫小偷偷走了。

钱包让小偷偷走了。

[A（受事）+ **被/叫/让** + B（施事）+ **动词** + **其他成分**]

钱包被偷走了。

[A（受事）+ **被** + **动词** + **其他成分**]

否定范例及结构

钱包没被小偷偷走。

钱包没叫小偷偷走。

钱包没让小偷偷走。

[A（受事）+ **没（有）** + **被/叫/让** + B（施事）+ **动词** + **其他成分**]

钱包没被偷走。

[A（受事）+ **没（有）+ 被 + 动词 + 其他成分**]

疑问范例及结构

钱包被小偷偷走了吗？

钱包叫小偷偷走了吗？

钱包让小偷偷走了吗？

[A（受事）+ **被 / 叫 / 让** + B（施事）+ **动词 + 其他成分 + 吗**]

钱包被偷走了吗？

[A（受事）+ **被 + 动词 + 其他成分 + 吗**]

操练

一、[把主动句变成“被”字句]

1. 小偷偷走了她的手机。

2. 我把钱花完了。

3. 我没把旧杂志放在箱子里。

二、[看图说句子]

扫描二维码获取图片

目标语句如下：

1. 他被汽车撞倒了。

2. 那个运动员被踢伤了。

3. 沙发被狗咬坏了。

课堂活动

一、[配对游戏]

主动句和“被”字句配对。教师准备两种颜色的卡片，分别写上主动句和相应的“被”字句，让学生各抽取一张卡片。拿到主动句卡片的学生先读卡片上的句子，拿到相应的“被”字句卡片的学生要立刻做出反应并读出自己卡片上的句子。

二、[糟糕的一天]

根据人数分组，要求学生以《糟糕的一天》为题，编一个故事，看看哪一组故事的主人公过得最糟糕。如：

今天吃早餐的时候，我被咖啡烫了。咖啡洒了，衣服被弄脏了。去学校的路上，我被自行车撞了。到学校以后，因为忘了做作业，我被老师批评了。放学以后，我发现自行车被偷走了。

练习与测试

一、选词填空。（可多选）

A. 被　B. 叫　C. 让

1. 我的自行车______小偷偷走了。

2. 我的自行车______偷走了。

3. 他______裁判罚了一张红牌。

4. 他______罚了一张红牌。

二、组句。

1. 球员　踢伤　那个　被　没

____

2. 了　孩子　电脑　让　弄　坏

____

3. 瓶　那　饮料　叫　喝　了　一半　他

____

44 用“让”的使令兼语句

语法意义及功能

用“让”的兼语句表示主语发出命令，使其宾语做出某种行为，表达使令意义。

语法知识储备

一、从形式上看，兼语句是兼语短语做谓语或独立成句的句子，句子的谓语部分由一个动宾短语和一个主谓短语套在一起构成，前一个动宾短语的宾语兼做后一个主谓短语的主语，一身兼二职。

二、用“让”的使令兼语句中有两个谓语动词，第一个动词为“让”，其宾语（又叫兼语）是后一个动词的主语，如“妈妈让我收拾房间”。需要特别注意的是，“让”后面一般不带助词“了、着、过”。

三、从意义上看，用“让”的使令兼语句表示使令者为达到某种目的或实现某种结果，主动地、有意识地命令、指使某人做某个动作或完成某件事情。因此，只有当第一个动词“让”出现时，才会有后面的动作，后面的动作是其目的或结果，两个动作作为一个整体共同产生致使意义和预期的结果或状态。

教学核心思路

一、设置情境，通过动作演示法、看图说话法引出兼语句这一汉语特殊表达句式。

二、首先，通过使令性的动作导入语言点，学生可以理解“让”发出的使令是如何致使其后的名词性成分发生某一具体动作的，从而掌握使令兼语句的基本结构；其次，让学生理解“让”的使令义与动作目的、结果的关系；最后，通过练习进行强化，学生能够根据实际语境和情况，准确、恰当地使用使令兼语句进行表达。

三、注意兼语句中两个动作的先后顺序以及否定词的位置。

偏误

一、[**误加**]“让”后面误加助词“了、着、过”。

* 老师让了我们预习生词。

* 妈妈让着我打扫房间。

二、[**错序**] 在否定形式的兼语句中，否定副词“没有、不”应放在第一个动词前。

* 妈妈让我们不玩儿手机。

* 我们让他不参加会议。

课堂描述

句子中的第一个动词是“让”，“让”的宾语同时也是后面动词的主语。

导入

教师做出一系列动作指令，引导学生说句子，如请一个学生听写生词，然后教师提问。

师：他在做什么？

生：他在擦黑板。

师：谁让他擦黑板？

生：老师让他擦黑板。

再举出类似的例子，比如“老师让他读课文”“老师让她关窗户”等，然后总结句型。

肯定范例及结构

老师让我擦黑板。

[主语 + 让 + 宾语（人）+ 动词短语]

否定范例及结构

妈妈不让我们玩儿手机。

老师没让我们交作业。

妈妈没有让我们出去玩儿。

[主语 + 不 / 没（有）+ 让 + 宾语（人）+ 动词短语]

操练

[看图说话]

教师展示图片，引导学生用兼语句描述图中的内容。目标语句如下：

扫描二维码获取图片

1. 妈妈让爸爸去洗碗。

2. 上课时，老师不让我们吃东西。

3. 晚上十一点了，妈妈不让小明玩儿游戏了。

课堂活动

一、[你演我猜]

两人一组，一位同学让另一位同学做出相应的动作，其他同学猜并且造句。例如：

1. 李明让张伟打开门。

2. 玛丽让汤姆打开窗户。

二、[情境问答]

教师提问举例：

1. 在学校，老师让 / 不让你做什么？

2. 在家里，妈妈 / 爸爸让 / 不让你做什么？

学生目标语句举例：

1. 在学校，老师让我们学生词 / 写汉字 / 预习课文。

2. 在学校，老师不让我们吸烟 / 玩儿手机。

3. 在家里，妈妈让我打扫自己的房间 / 洗衣服 / 洗碗。

4. 在家里，妈妈不让我吸烟 / 打游戏 / 玩儿游戏。

练习与测试

一、用“让”把下列陈述句改为兼语句。

例：大家都说：“你做班长吧。”

<u>大家让我做班长</u>。

1. 小王对我说：“请你明天早上给我打电话。”

____

2. 他对外国朋友说：“到我家吃晚饭吧。”

____

3. 妈妈说：“你自己洗衣服吧。”

____

4. 她对我说：“打开窗户，好吗？”

____

5. 大卫对服务员说：“请给我打扫一下房间。”

____

二、组句。

1. 妈妈　写　作业　我　让

____

2. 让　公司　开会　小王　上海　去

____

3. 看　手机　让　爸爸　不　我

____

4. 老师　练习　让　做　我们

____

5. 进去　让　他　不　我们

____

三、完成对话。

1. A：上课的时候，老师让你做什么？

B：上课的时候，老师让我__________。

2. A：在家的时候，妈妈不让你做什么？

B：在家的时候，妈妈不让我__________。

3. A：公共场合不让做什么？

B：公共场合不让__________。

4. A：医生让你做什么？不让你做什么？

B：医生让我__________，不让我__________。

四、根据提供的词语写出兼语句。

1. 大夫　我　吃药

____

2. 妈妈　我　打扫　房间

____

3. 老师　我们　回答问题

____

4. 老师　同学们　多了解中国文化

____

45 “是……的”句（2）

语法意义及功能

强调说话人的看法、见解、态度或评价。

语法知识储备

一、建议“是……的”句分两次教学，“是……的”句（1）放在初级阶段，“是……的”句（2）放在中级阶段。

二、除双重否定外，一般没有“不是……的”这种否定形式，但可以在“是……的”中间用上否定形式的词语来强调，如“这样做是不对的”“别问了，他是不会说的”。

三、“是……的”句（2）表达的语气非常肯定，一般不用疑问形式。

教学核心思路

一、循序渐进，由浅入深。

二、首先展示图片，让学生根据图片回答教师的问题；其次，进行课堂操练，让学生强化对学习内容的理解；最后创造真实交际情境进行操练，巩固学习内容。

三、注意：“是……的”句（2）表达的语气是非常肯定的，后面的“的”不能省略。

偏误

一、[**遗漏**] 遗漏“的”。

* 他这样做是对。

* 这件事是最重要。

* 小明这样说是正确。

二、[**遗漏**] 遗漏“是”。

* 我相信这对我来说有好处的。

* 你这样做不对的。

课堂描述

“是……的”句（2）强调说话人的看法。

导入

[图片导入]

扫描二维码获取图片

师：（展示图片 1，内容是小孩儿把垃圾扔进垃圾箱）

他这样做是对的吗？

生：他这样做是对的。

师：（展示图片 2，内容是小孩儿把垃圾扔在地上）他这样做是对的吗？

生：他这样做是不对的。

肯定范例及结构

这个问题是能解决的。

[主语 + 是 + 动词短语 + 的]

他这样做是对的。

[主语 + 是 + 形容词 + 的]

否定范例及结构

这个问题是不能解决的。

[主语 + 是 + 不 / 没（有）+ 动词短语 + 的]

他这样做是不对的。

[主语 + 是 + 不 + 形容词 + 的]

操练

一、[情境问答]

目标语句如下：

1. 师：老师刚才说的是对的吗？

   生：老师刚才说的是对的。

2. 师：上口语课多说话是对的吗？

   生：上口语课多说话是对的。

3. 师：上口语课不说话是对的吗？

   生：上口语课不说话是不对的。

4. 师：这些问题是可以解决的吗？

生：这些问题是可以解决的。

5. 师：妈妈的意见是能接受的吗？

生：妈妈的意见是能接受的。

二、[造句]

教师指定几个词语，让学生造句，比如“学习汉语、多说多练、是对的、是不对的、是好的、是不好的、是正确的”等。

课堂活动

[小小评论家]

教师展示图片，让学生评价图片上的行为。目标语句如下：

扫描二维码
获取图片

1. 乱扔垃圾是不对的。

2. 扶老人过马路是好的。

3. 帮助妈妈做家务是好的。

4. 吵架是不好的。

5. 闯红灯是不对的。

练习与测试

一、改错。

1. 你这样对待我是不公平。

2. 他的想法是正确。

____

3. 学生晚上不睡觉不健康的。

____

二、根据提示用“是……的”句（2）完成句子。

1. 这段对话____________。（明白、我们）

2. 他的课____________。（听不懂、我）

3. 这类事情____________。（不会、发生）

46 无标志被动句

语法意义及功能

无标志被动句意义上表示被动，但句子中没有表示被动的标记词“被、叫、让”等。主语一般由无生命的物体充当，是动作的受事者。

语法知识储备

一、无标志被动句是不用“被、叫、让、给”等介词的被动句，也叫“意念被动句”。如：

1. 作业她做完了。

2. 作业做完了。

二、无标志被动句的主语是动作的受事，一般是无生命的，而且有所指。

教学核心思路

一、动作导入，循序渐进，温故知新，体现训练加体验的原则。

二、通过同一般动词谓语句、“把”字句、“被”字句的对比引出无标志被动句，学生可以从不同的句式类型中体会无标志被动句的特点。通过“故事会”活动，学生学以致用，体会无标志被动句在真实情境中的用法。

三、教学中要注意无标志被动句和“被”字句之间的转换。

偏误

[**遗漏**] 无标志被动句中动词后面表示处置结果的“了”被遗漏。

* 作业做完。

* 房间打扫。

* 实习报告已经写。

课堂描述

无标志被动句是意义上表示被动的句子，不用“被”字。

导入

[动作引入]

师：(教师拿一小杯水，当场喝光) 老师做了什么？用汉语怎么说？

生：老师喝水 / 老师喝光了水。

师：用“把”字句怎么说？

生：老师把水喝光了。

师：用“被”字句怎么说呢？

生：水被老师喝光了。

师：这个动作可以用“把”字句说，也可以用“被”字句说。我们还可以不用“被”字，直接把“水”放在前面，表示被动含义，说成“水喝光了”(板书)。这个句子也是被动句，但是没有标志词。

肯定范例及结构

水（老师）喝光了。

[主语（+施事）+动词+其他成分]

否定范例及结构

水（老师）没喝光。

[主语（+施事）+没（有）+动词+其他成分]

疑问范例及结构

水（老师）喝光了吗？

[主语（+施事）+动词+其他成分+吗]

操练

一、[快速提问]

师：作业做完了吗？

$生_1$：作业做完了。

$生_1$问$生_2$：作业做完了吗？

$生_2$：作业做完了。

$生_2$问$生_3$：作业做完了吗？

（依此类推，中间可以指定某个学生做否定回答）

$生_3$：作业没（有）做完。

二、[变换练习]

把下列句子改为无标志被动句。

1. 我剪头发了。

____

2. 我买水果了。

____

3. 我打扫完房间了。

____

4. 我洗干净衣服了。

____

5. 我读完书了。

____

课堂活动

[故事会]

让学生参考下列关键词语，用无标志被动句的肯定形式、否定形式、疑问形式说说自己的一天。

吃饭、喝水、洗脸、刷牙、上课、买东西、看电影、做晚饭

练习与测试

改写句子，将下列句子改成无标志被动句。

1. 我刚刚做完了作业。

____

2. 我已经打扫了房间。

____

3. 我洗完了衣服。

____

4. 我去过英国。

____

5. 我刚喝完咖啡。

____